Family Guide

Linda Freutel

Klare Regeln für Kinder

compact via

Außerdem erhältlich:
- Massagen für Ihr Baby – Wohltuende und sanfte Berührungen
- Kinder spielend fördern – Entwicklung gezielt unterstützen
- Wie Kinder glücklich werden – Harmonisch durch den Familienalltag
- Unterwegs mit Kindern – Ratespiele, Rätsel und Reime für fröhliche Reisen
- Kinder lieben Lieder – Mit Musik und Spaß durchs Leben
- Unser Baby – Glücklich und gesund durchs erste Jahr
- So wird mein Kind sauber – Trocken und zufrieden ohne Windel
- Wie Kinder schlafen lernen – Entspannt und ruhig durch die Nacht

compact via ist ein Imprint der Compact Verlag GmbH

Text: Linda Freutel
Chefredaktion: Evelyn Boos
Redaktion: Anja Fislage
Produktion: Johannes Buchmann
Titelabbildungen: fotolia.com/Yuri Arcurs (o. li), fotolia.com/Marzanna Syncerz (o. Mi), fotolia.com/Albert Schleich (o. re), Getty Images (u.)
Layout: h3a GmbH, München
Umschlaggestaltung: h3a GmbH, München

ISBN 978-3-8174-8236-8
5382361/5

Besuchen Sie uns im Internet: www.compact-via.de

Inhalt

Vorwort 4

Grundlagen der Erziehung 5
Regeln und Grenzen: ein dehnbarer Begriff 6
Früher war alles anders 6
Ohne Regeln funktioniert nichts 8
Festgelegte Erziehungskonzepte 11
Emotionale Sicherheit: Voraussetzung für die Erziehung 16
Spezial: Süßigkeiten spielend einteilen 17

Eine funktionierende Erziehung 20
Das Regelwerk der Erziehung 21
Kinder brauchen Liebe und Aufmerksamkeit 22
Wege aus der Aufmerksamkeitsspirale 24
Durchsetzungskraft heißt nicht Strenge 26
Routine und Verlässlichkeit 29
Verständlichkeit 34
Geduld 37
Verantwortung abgeben 40
Spezial: Hilfe im Haushalt kann Spaß machen! 42
Positive Verstärkung 44

Nutzen konsequenter Erziehung 46
Neinsagen ist erlaubt – und wichtig 47
Nutzen konsequenter Erziehung im Kindesalter 47
Frühe Erziehung macht sich auch im Teenager- und Erwachsenenalter bezahlt 53

Altersgerechte Erziehung 54
Verschiedene Entwicklungsstufen 55
Das Babyalter 58
Das Kleinkindalter 59
Spezial: Spielend zur Nachtruhe finden 64
Kindergarten- und Schulalter 65

Alltagsprobleme und Lösungen 67
Praktische Lösungsansätze 68
Grundprinzipien in Problemsituationen 69
Hausaufgaben: die tägliche Qual für Eltern und Kind 71
Einkaufen: ständiges Theater an der Kasse 75
Aufräumen: Ordnung ist das halbe Leben 78
Zubettgehen: „Ich bin noch gar nicht müde!“ 81
Spezial: Aufräumen? Ein Kinderspiel! 82
Geschwister: das ewige Gezanke 84
Essen: ständiges Meckern 87
Spezial: Konflikte spielend leicht gelöst 88

Serviceteil 91
Hilfreiche Adressen 92

Register 95

Vorwort

Lautes Gequengel an der Supermarktkasse, totales Chaos im Kinderzimmer, ständige Streitereien unter Geschwisterkindern - diese Probleme kennen alle Eltern. Kinder haben ihren eigenen Willen, und es gehört zum Prozess der Persönlichkeitsentwicklung, dass sie diesen von Zeit zu Zeit durchzusetzen versuchen. Dabei ist es an den Eltern, angemessen und kompetent zu reagieren.
Nicht immer einfach umzusetzen, aber unabdingbar für die Kindererziehung ist eine entsprechende Portion Disziplin und Konsequenz. Liebe, Geduld und Verständnis bilden hierbei die Basis für eine starke und unerschütterliche Bindung zwischen Eltern und Kind, die alle kleinen und großen Katastrophen im Familienalltag aushält. Wie Sie diese feste Bindung von Anfang an zu Ihrem Kind aufbauen, sich eine gewisse „natürliche Autorität" aneignen und dabei nicht den Humor verlieren, zeigt Ihnen dieses Buch.

Im ersten Kapitel werden Sie zunächst in die Grundlagen der Erziehung eingeführt. Wie haben sich pädagogische Ansichten im Laufe der Zeit gewandelt? Welche Voraussetzungen gelten für die Kindererziehung?

Das zweite und dritte Kapitel stellen Ihnen die Eckpfeiler einer funktionierenden Erziehung und deren Nutzen für die kindliche Persönlichkeitsentwicklung vor: Liebe und Aufmerksamkeit, Durchsetzungskraft und Konsequenz, Verlässlichkeit und Geduld sind die Faktoren, mit denen Sie Ihr Kind optimal fördern können. Dazu gehört auch, dass Sie es stets entsprechend seinem aktuellen Entwicklungsstand unterstützen.

Das vierte Kapitel informiert Sie über eine altersgerechte Förderung Ihres Kindes vom Säuglings- bis zum Schulkindalter. Hier erhalten Sie Hintergrundwissen über die verschiedenen Entwicklungsstufen.

Konkrete Lösungsansätze für alltägliche Problemsituationen zeigt Ihnen das fünfte und letzte Kapitel auf. Hier erfahren Sie, wie Sie den täglichen Kampf um das Erledigen der Hausaufgaben oder die Schlafenszeit entschärfen, gemeinsam mit Ihrem Kind Ordnung ins Kinderzimmer bringen, Konflikte zwischen kleinen Streithähnen nachhaltig schlichten und viele andere Alltagsprobleme effektiv lösen. Spezialseiten mit zahlreichen Spielideen für einen entspannten Erziehungsalltag bieten zusätzlich kreative Lösungsmöglichkeiten.

Grundlagen der Erziehung

Regeln und Grenzen: ein dehnbarer Begriff

Jeder möchte seinem Kind eine tolle Kindheit ermöglichen. Es soll gesund und fröhlich heranwachsen und eine gute, stabile Beziehung zu seiner Familie aufbauen. Natürlich zählt dazu auch, dass das Kind erzogen wird und lernt, sich an Regeln zu halten. Doch was genau bedeutet eigentlich Erziehung? Welche Faktoren bedingen eine gelungene Erziehung? Und welche nicht? Werden Kinder noch immer auf die gleiche Weise erzogen wie früher? Und: Wie wollen Sie Ihr Kind eigentlich erziehen? All diese Fragen stellen sich junge Eltern. Zu Recht. Denn die Erziehung eines Kindes ist ein komplexes Thema. Es folgen ein paar grundlegende Gedanken zu den Themen Erziehung und Regeln für Kinder.

Früher war alles anders

„Früher war alles anders." Besonders, wenn es um das Thema Kindererziehung geht, scheint dieser vom Volksmund geprägte Satz unausweichlich in jedes Gespräch zu gehören. Man hört ihn von Fremden im Supermarkt, von den eigenen Eltern und Großeltern, aber auch von Lehrern und Erziehern. Aber was stimmt wirklich daran? War früher wirklich alles anders? Wer über das Thema Erziehung einmal genauer nachdenkt oder einem Gespräch lauscht, in dem der berühmte „Früher ..."-Satz fällt, wird schnell feststellen, dass es sich im Kern doch eigentlich immer wieder um dieselben Themen dreht: Regeln und Grenzen. Und das ist seit jeher so. Egal, ob es darum geht, wann die Kleinen zu Bett gehen, ob es vor dem Essen Süßigkeiten geben darf oder die Kinder keine Lust

haben, ihre Hausaufgaben zu erledigen – Regeln und Grenzen sind eben in allen Erziehungsfragen entscheidend. Und das war bereits zu Zeiten unserer Urgroßeltern so, in der Generation unserer Eltern wie auch heute, da wir selbst in der Rolle der Erziehenden sind.

Was sich wirklich geändert hat

Doch auch wenn es sich immer wieder um Regeln und Grenzen dreht, hat sich im Vergleich zu „früher" dennoch eine Menge geändert. Beispielsweise müssen Kinder heute keinen Knicks mehr machen, wenn Sie zu Tisch kommen. Auch dürfen Knirpse sprechen, ohne vorher um Erlaubnis der Erwachsenen zu bitten. Und Ohrfeigen als Strafe für Regelverstöße sind ebenfalls nicht mehr rechtmäßig.

Das Verständnis von Regeln und Grenzen ist im Laufe der Jahrzehnte nicht dasselbe geblieben, sondern von Generation zu Generation immer wieder neu definiert worden. „Früher war alles anders"-Floskeln treffen also doch zu. Jedenfalls in der Hinsicht, dass das, was Omas Generation unter Regeln und Grenzen verstanden hat, heute kaum noch Halt hat. Doch um das veränderte Verständnis von Regeln und Grenzen zu verdeutlichen, muss man nicht einmal so weit zurückdenken. Auch neuzeitlichere Interpretationen von Regeln und Grenzen wurden bereits wieder über Bord geworfen.

Beispiel: Auch die antiautoritäre Bewegung der 1970er Jahre, in der Regeln als einschränkend und autoritär eingestuft und daher weitgehend aufgehoben wurden, treffen heute auf wenig Zustimmung. Die Zeiten, in denen Kinder „machen dürfen, was sie wollen", sind ebenfalls passé. All dies war früher eben einmal anders.

Und was gilt heute?

Aber was moderne Eltern wohl brennender interessiert als die Frage, was vor zehn Jahren oder noch längerer Zeit galt, ist: Welche Regeln sind heute zeitgemäß? Welche sollten für mein Kind gelten? Wie streng muss ich bei ihrer Durchsetzung sein? Antworten auf all diese Frage suchen – seit jeher – alle Eltern. Und um eines vorwegzunehmen: Eine abschließende Antwort auf diese Fragen gibt es nicht. Denn eines hat sich seit früher garantiert nicht geändert: Das Verständnis von Regeln und Grenzen befindet sich in einem permanenten Wandel. Jede Elterngeneration gibt ihr Bestes, um diese Begriffe zu vervollständigen und zu einer abschließenden Defi-

nition zu bringen. Sie definiert neue Werte, hinterfragt alte Muster und wagt neue Wege. Ein starres Regelwerk gibt es nicht.
Und genau hier liegt der zentrale Punkt einer gelungenen Erziehung: Versteifen Sie sich nicht. Seien Sie offen für Neues. Denn das Einzige, was feststehen dürfte ist: Früher war alles anders! Es ist an unserer Generation, den Erziehungsbegriff von Regeln und Grenzen weiter zu prägen und einen ausgewogenen Mittelweg zu finden.

INFO

Früher war alles anders! Aber war es auch besser?
Bei der Kindererziehung dreht sich zwar alles um Regeln, wie diese auszusehen haben, wird jedoch ständig neu diskutiert. Welche Grundsätze gelten, ist von Generation zu Generation verschieden. Der Satz „Früher war alles anders" mag insoweit stimmen. Er sagt aber noch lange nicht aus, dass früher auch alles besser war. Hinterfragen Sie selbst einmal die Erziehungsgedanken der 1950er, 60er oder 70er Jahre? Was würden Sie anders machen? Wo sehen Sie Vorteile? Seien Sie ruhig kritisch!

Ohne Regeln funktioniert nichts

Vielen Eltern ist zwar bewusst, dass Regeln und Grenzen zentrale Punkte im Umgang mit den Kleinen sind; warum das aber so ist, ist vielen nicht ganz klar. Oft haben diese Begriffe sogar einen bitteren Beigeschmack von Strenge, Autorität oder gar Willkür. Begriffe wie Regeln und Grenzen werden (vielleicht als Folge strenger Erziehungsformen der 1950er Jahre) nicht selten als altmodisch abgewertet oder übertriebene Härte missverstanden. Dabei gehören Regeln und Grenzen zu den selbstverständlichsten und wichtigsten Dingen unserer Welt. Das einfachste und pragmatischste Beispiel für Regeln und Grenzen ist der Straßenverkehr. Ohne Ver- und Gebote würde hier schlichtweg nichts funktionieren. Empfinden wir eine rote Ampel deshalb als Diktat oder Einschränkung unseres freien Willens? Selbstverständlich machen rote Ampeln oder auch Strafzettel eher selten Freude; aber wir wissen, dass sie sinnvoll sind. Und zwar nicht nur, um Staus oder Unfälle zu vermeiden und so den Straßenverkehr fließend und intakt zu halten, sondern auch für uns selbst. Verkehrsschilder und -regeln geben uns Orientierung. Sie ermöglichen, dass wir reibungslos zu unserem Ziel kommen und nicht etwa als Falschfahrer unangenehm auffallen oder sogar uns und andere in Gefahr bringen.

Keine Angst vor Regeln

Regeln sind Wegweiser und helfen uns gleichzeitig sogar, unsere eigenen Interessen durchzusetzen. Und das gilt nicht nur für den Straßenverkehr, sondern lässt sich auf sämtliche Lebensbereiche übertragen. Regeln und Grenzen sind die natürlichste Sache der Welt.
Das wissen sogar unsere Kinder. Manche Regeln und Grenzen kennen sie bereits, ohne dass wir sie ihnen beibringen müssten. Schon Babys kneifen den Mund fest zusammen, wenn sie keinen Hunger mehr haben, der zehnjährige Junge hängt ein signalrotes Schild mit der Aufschrift „Kein Eintritt!" an seine Zimmertür, wenn er keine Lust auf Erwachsenenbesuch hat, und das elfjährige Mädchen bestimmt, dass es sich sein Essen selbst kauft, da Schulbrote „peinlich" seien. All dies sind ebenfalls Regeln und Grenzen, deren Einhaltung den Kleinen wichtig ist, um eigene Interessen durchzusetzen. Regeln und Grenzen in einer solchen ungenierten Direktheit durchzusetzen, wie Kinder es teilweise tun, würde Erwachsenen heute kaum mehr in den Sinn kommen. Dennoch können Sie etwas von Ihren Knirpsen lernen: Regeln und Grenzen sind keineswegs immer einengend und schlecht. Vielmehr brauchen Kinder (und Erwachsene übrigens auch) gewisse Regeln, um eigene Interessen durchsetzen zu können und so ihre Persönlichkeit zu wahren, aber auch, um sich am sozialen „Verkehr", also in der Familie oder später in der Gesellschaft, zurechtzufinden. Regeln sind das Fundament, auf

denen sich Persönlichkeiten entfalten können. Wer als Kind den Umgang mit Regeln gelernt hat, wird es später nicht als gesellschaftlicher „Falschfahrer" schwer haben. Ebenso wie der allgemeine Straßenverkehr Ge- und Verbote braucht, die ihn weitgehend und komplikationslos funktionieren lassen und ohne die ein Miteinander auf der Straße kaum denkbar wäre, braucht ein Kind ein funktionierendes Regelwerk, an dem es sich orientieren und stützen kann. Ohne Vorgaben kann es sich nicht orientieren, weiß nicht, wie es sich verhalten soll und eckt automatisch an. Die Folgen können in zweierlei Richtungen gehen: Kinder, die ohne Regeln aufwachsen, werden entweder immer frecher und nehmen sich immer mehr heraus, oder aber ecken durch ihr „unkontrolliertes" Verhalten so oft an, dass sie verunsichert werden und sich daraufhin immer mehr in sich selbst zurückziehen. Regeln sind wichtige Wegweiser im Leben unserer Kinder, die solchen Szenarien entgegensteuern. Natürlich sind sie für die Kleinen (jedenfalls auf den ersten Blick) nicht immer willkommen. Oft ist es aber so, dass Eltern viel mehr Vorurteile gegenüber Regeln haben als Kinder. Regeln sind per se aber nichts Negatives. Sie geben entweder grünes oder rotes Licht und helfen uns so, unser Leben in geregelten Bahnen und möglichst „unfallfrei" zu meistern. Das sollten wir auch unseren Kleinsten wünschen, oder?

INFO

Warum brauchen Kinder Regeln und Grenzen?

Die Worte „Regeln" und „Grenzen" werden oft als übertriebene Strenge und Autorität missverstanden. Dabei gibt es allerhand Gründe, warum Kinder Grenzen brauchen, mögen und sogar danach suchen:

- **Eltern, die klare Anweisungen geben, strahlen Sicherheit aus, bei der sich das Kind geborgen fühlt.**
- **Kinder, die nie Grenzen kennengelernt haben, empfinden auch im Erwachsenenalter ein „Nein" als eine Niederlage oder Ablehnung.**
- **Kinder kennen sich in der Welt noch nicht aus. Sagt ihnen niemand, was zu tun oder zu lassen ist, ecken sie an und fühlen sich verunsichert. Entweder werden sie dadurch zu kleinen Tyrannen oder sehr introvertiert.**
- **Wenn Kinder alles dürfen, bekommen sie so viel Macht, dass sie nicht lernen, auf Mitmenschen Rücksicht zu nehmen.**

Festgelegte Erziehungskonzepte

Damit der Straßenverkehr störungsfrei und reibungslos fließen kann, sind klare Regeln, Verbote und Gesetze nötig. Ebenso verhält es sich mit dem Fluss des Lebens. Ohne Richtlinien, Werte, Normen und damit eben auch Regeln funktioniert hier nichts reibungslos. Klingt simpel! Jedenfalls in der Theorie. Wie wohl alle Eltern aus der Praxis wissen, ist es aber gar nicht immer so leicht, Regeln aufzustellen und durchzusetzen. Schließlich gibt es keinen Gesetzeskatalog, wie die StVO im Straßenverkehr, an der sich Eltern in Sachen „familiäre Regeln" orientieren könnten. Wo würde das auch hinführen? Familie ist die privateste aller Zonen und entscheidet aus ihrem Selbstverständnis heraus über Regeln, die für sie gelten sollen. Regeln sind individuell, ebenso wie Familien und wie der Mensch selbst. So schön und wichtig diese erzieherische Freiheit aber auch ist, genauso verwirrend kann sie manchmal sein. Jedes Elternteil hat schon mal erlebt, dass es in schwierigen Situationen nicht weiterweiß. Oftmals hört man dann die unterschiedlichsten Stimmen im Kopf, die einem vermeintliche Ratschläge geben. Das können Erinnerungen an die eigene Kindheit sein

TIPP

Der rote Faden

Mit einem roten Faden geht vieles einfacher. Auch die Erziehung. Machen Sie sich daher auch einmal Gedanken über Ihren „roten Erziehungs-Faden". Am besten stellen Sie sich hierfür ein paar grundlegende Erziehungsfragen (z. B.: Was bedeutet Höflichkeit für mich? Wie viel Eigenverantwortung soll mein Kind tragen? Und in welchen Dingen, z. B. beim Anziehen oder Helfen im Haushalt? Auf welche Tischmanieren lege ich Wert?) und notieren sich die Antworten stichpunktartig auf einem Zettel. Dadurch, dass Sie sie formulieren müssen, werden Ihnen Ihre Prinzipien erst richtig bewusst. Zudem fällt es Ihnen in neuen Situationen oder bei Problemen mit dem Kind leichter, Ihre Prinzipien konsequent zu verfolgen, wenn Sie sie klar und deutlich vor dem inneren Auge stehen haben.

oder Sätze, die man von der Lehrerin oder Kindergärtnerin kennt. Welche Aussage nun aber richtig ist und dabei v.a. auch dem eigenen Erziehungskonzept entspricht, ist gar nicht so einfach zu filtern. Um Verwirrungen zu vermeiden und so noch enger am eigenen Erziehungswunsch bleiben zu können, ist es wichtig sich klarzumachen, welche Grundsätze Ihre Erziehung leiten sollen und woher sie stammen. Stellen Sie sich Ihr eigenes Regelwerk zusammen. Dabei ist es wichtig, seine eigenen Werte zu kennen und zu wissen, woher sie stammen und wovon wir selbst geprägt wurden. Den meisten Einfluss auf die eigenen Erziehungsgrundsätze haben dabei i. d. R. drei Faktoren: die Erziehung in der Kindheit, die man selbst erlebte, gesellschaftliche Wertmaßstäbe und letztlich die Persönlichkeit des Kindes selbst.

Die eigenen Eltern erziehen immer mit!

Man kann immer nur das weitergeben, was man selbst erlebt und gelernt hat. So verhält es sich auch beim Thema Kindererziehung. Die Auseinandersetzung mit der eigenen Erziehung und Kindheit spielt für Eltern in Erziehungsfragen daher eine zentrale Rolle. Denn die Erziehungseinflüsse der vorherigen Generationen sind meist richtungweisend für das eigene elterliche Verhalten. Auch wenn es von vielen Eltern teilweise nur unterbewusst wahrgenommen wird, steht der Umgang mit unseren Kindern unter dem Stern unserer eigenen Mütter und Väter, ebenso wie unserer Groß- und Urgroßeltern. Schließlich sind es unsere Eltern und Großeltern, von denen wir gelernt haben, wie eine Erziehung aussehen kann! Wie sollen wir dieses Wissen bei unseren eigenen Kindern abschütteln? Und warum auch? Genau hier knüpft die zweite Erkenntnis an: Die Tatsache, dass unsere eigenen Eltern in unserem Elterndasein eine Rolle spielen, kann sich in zweierlei Ausrichtungen bemerkbar machen. Entweder man ist vom Erziehungskonzept der eigenen Eltern so überzeugt, dass man versucht, sich an jenen Richtlinien zu orientieren, ohne dabei mögliche Defizite zu hinterfragen. Oder aber (und das ist wohl der häufigere Fall) man will um jeden Preis alles anders machen als die eigenen Eltern.

In beiden Fällen liegt die Wahrheit – wie immer – irgendwo dazwischen. Entweder man verinnerlicht die eigene Erziehung derart, dass man vergisst, eigene und ggf. modernere Werte einfließen zu lassen, oder man ist so bemüht, gegenteilig zu seinen eigenen Eltern zu handeln, dass man Gefahr läuft, manche Entscheidungen „aus Prinzip" und nicht aus vernünftigen Erwägungen zu treffen. Egal, ob man die Erziehungskonzepte der eigenen Eltern ablehnt oder zum Vorbild nimmt: Eine zu enge Bindung und Bezugnahme birgt die Gefahr, die eigenen

Wünsche und Ansprüche, die man an eine Erziehung stellt, zu vernachlässigen oder sich ihrer erst gar nicht bewusst zu werden. Versuchen Sie daher, Abstand zu ihrer eigenen Erziehung und zum Vorgehen Ihrer Eltern zu gewinnen und so einen objektiven Überblick zu verschaffen, was sie davon selbst übernehmen wollen und was nicht. Oft werden einem hierbei eigene Handlungsweisen erst bewusster, man erkennt Parallelen oder Gegensätzlichkeiten. Erst wenn man sich dieser Tatsachen bewusst wird, kann man entscheiden, inwieweit sie der eigenen Kindererziehung zuträglich sind.

Gesellschaft und Erziehung: ein Zusammenspiel?

Jeder von uns ist ein Teil der Gesellschaft. Und dieses gemeinschaftliche Zusammenleben mit unseren Mitmenschen hinterlässt natürlich Spuren. Das beginnt im Kleinen, z. B. bei modischen Trends, den gerade „alle" tragen, und zieht sich sogar bis in unsere privateste Sphäre, das Familienleben.

Wie weitreichend gesellschaftliche (und/oder religiöse) Werte und Normen Einfluss auf unsere Denkweise und letztlich auch in unsere Erziehung nehmen wird an so offensichtlichen Dingen, wie z. B. das Handschütteln zur Begrüßung. Während diese Geste in unseren Breitengraden dazugehört, ist sie in anderen Ländern eher unüblich. Aber auch bei weniger augenscheinlichen Dingen kann man sich die Wechselwirkung zwischen gesellschaftlichen und persönlichen Grundsätzen deutlich machen. Die gemeinläufige Auffassung von Höflichkeit gebietet es beispielsweise, dass man einer Person mit einem Kinderwagen ausweicht, ihr beim Tragen des Wagens hilft oder einer älteren Dame den Platz in der U-Bahn anbietet. Mit Sicherheit sind dies alles gesellschaftliche Grundsätze, die wir als Selbstverständlichkeiten in die Erziehung unserer Kleinen aufnehmen. Es gibt aber auch Dinge, die gesellschaftlichen Wertungen unterliegen, welche nicht unbedingt mit den persönlichen Werten übereinstimmen müssen.

Inwieweit solche gesellschaftlichen Grundsätze Einfluss auf die Erziehung Ihres Kindes nehmen, liegt jedoch ganz bei Ihnen. Wichtig ist nur, dass Sie sich bewusst machen, ob es sich um ein gesellschaftliches „Diktat" oder um eine Wertung oder Regel handelt, die Ihnen selbst am Herzen liegt und die Sie aus persönlichen Gründen Ihrem Kind vermitteln wollen. Beispiele für den gesellschaftlichen Einfluss auf die Beziehung von Mutter und Kind kann es schon im Säuglingsalter geben. Das Stillen in der Öffentlichkeit ist so ein Punkt. Häufig ernten Mütter für das öffentliche Säugen ihrer Kleinen böse, abwertende Blicke. Wie Sie selbst dazu stehen, liegt bei Ihnen. Wichtig ist nur, dass Sie Ihrer Meinung auch folgen. Wer sich solcher Blicke schämt, vermeidet entweder das Stillen (und damit den Café-Besuch) gänzlich oder fühlt sich dabei sehr un-

INFO

„Quengelware"

Süßigkeiten, die (nicht ohne Grund) direkt an der Kasse platziert sind, stellen Eltern vor einen Zwiespalt. Jeder hat es schon einmal erlebt: Die Kleinen betteln, bitten oder schreien nach den Süßigkeiten, aber Sie wollen sie ihnen nicht geben. Die Süßigkeitenhersteller wissen um die No-Win-Situation der Eltern: Entweder Sie geben nach und kaufen dem Kind das Süße. Oder Sie sind den strengen und wertenden Blicken der Mitmenschen ausgeliefert, die bestenfalls nur entsetzt schauen oder schlimmstenfalls einen „gut gemeinten" Kommentar zu Ihrer Erziehung abgeben. Auch wenn es nur ein kleines Beispiel für den gesellschaftlichen Einfluss auf unsere Erziehungswerte ist, kann diese Situation Eltern schon den letzten Nerv rauben.

Hier gilt es, Ruhe zu bewahren und sich klarzumachen, ob die eigene Handlung nur eine Folge der Reaktionen des Umfeldes ist, oder ob Ihr Handeln durch Ihre eigenen Erziehungsmaßstäbe motiviert ist. Wollen Sie wirklich nachgeben? Oder wollen Sie bloß nicht unangenehm auffallen? Tipps, wie Sie hier richtig reagieren können, finden Sie ab S. 75.

wohl und verkrampft sich. Sie sollten sich darüber im Klaren sein, dass diese Reaktionen bereits Konsequenzen für Ihr Kind bedeuten.

Auch Säuglinge spüren die Stimmungen ihrer Mütter; Unsicherheiten können sich übertragen. Stellen Sie für sich fest, ob Sie sich (und ggf. Ihr Kind) beeinflussen lassen wollen oder ob Sie diesen gesellschaftlichen „Tabus" vielleicht gar keine Bedeutung schenken. Wie gesagt: Wie weit Sie sich von der Gesellschaft beeinflussen lassen, liegt bei Ihnen. Bei extrem angesagten modischen Neuheiten machen Sie schließlich auch nicht jeden Trend mit. Warum sollten Sie dann in Mutter-Kind-Fragen immer die Meinung der Allgemeinheit teilen?

Erziehungsgrundsätze werden durch die eigenen Kinder geformt

Erziehung bedeutet nicht, den Kindeswillen zu brechen, um ihm den eigenen Willen aufzuzwingen. Moderne Eltern sind von solchen Vorstellungen weit entfernt. Im Gegenteil: Sie geben sich die größte Mühe, im Sinne Ihres Kindes zu handeln, und schon von Anfang an auf eine freie Entfaltung seiner Persönlichkeit zu achten und durch Ihre Erziehung nicht formend, sondern stützend daran teilzuhaben.

Denn tatsächlich haben auch schon die Kleinsten Vorlieben, Interessen und Vorstellungen. Auch diese Persönlichkeitsmerkmale sollten einen festen Stellenwert in Ihrem Erziehungskonzept finden. Damit ist natürlich nicht gemeint, dass es immer nach dem Willen Ihres Kindes gehen soll. Schließlich können die Kleinen nicht immer abschätzen, welche Tragweite Ihre Entscheidungen haben. Beispielsweise hat kein Kind Lust, regelmäßig die Zähne zu putzen. Die Zahnpflege hat aber nichts mit der Persönlichkeit Ihres Sprösslings zu tun, sondern mit seiner Gesundheit. Anders verhält es sich beispielsweise mit der Wahl seines Hobbys.

Hier kann man bereits früh erkennen, welche Neigungen das Kind hat. Versuchen Sie nicht, ihm ein anderes Interesse (z. B. das Lernen eines Instruments, obwohl Ihre Tochter lieber kunstturnen will) aufzuoktroyieren. Doch nicht nur im Ausleben eines Talents sollte ein Kind erzieherisches Mitspracherecht haben. Auch im alltäglichen Ablauf kann es positiven Einfluss auf das Zusammenleben und seine Entwicklung haben. Lassen Sie Ihr Kind beispielsweise stets selbst entscheiden, wie viel es essen möchte. Wann und welche Speisen gegessen werden, sollte zwar aus gesundheitlicher

Sorge noch in Ihrem Entscheidungsspielraum liegen; sobald Ihr Kind aber nichts mehr essen mag, sollte es auch nichts mehr essen müssen. Vertrauen Sie ihm! Es wird schnell lernen, das richtige Maß zu finden; vorausgesetzt, die Mahlzeiten werden regelmäßig und zu festen Zeiten eingenommen.

INFO

Kinder sind Persönlichkeiten!

Nur weil Kinder noch weniger Lebenserfahrung haben als Erwachsene und auf die Hilfe und Führung ihrer Eltern angewiesen sind, heißt das nicht, dass sie noch keine eigene Persönlichkeit entwickelt haben. Im Gegenteil. Jeder Mensch ist ein Individuum – und das von Geburt an. Bei Ihren Kindern zeigt sich ihr Charakter dabei nicht nur in Ihren Lieblingsfarben, -tieren oder -beschäftigungen, sondern eben auch manchmal in Dingen, die auf den ersten Blick nicht den Vorstellungen der Erwachsenen entsprechen. Wenn sich Ihr Kind beispielsweise weigert, etwas Bestimmtes zu essen oder zu tun, muss das nicht zwingend aus reinem Trotz geschehen. Wie jeder Erwachsene hat auch jedes Kind seine eigenen Vorlieben und Abneigungen. Es ist an den Eltern, diese zu erkennen, zu respektieren und in der Erziehung entsprechend zu berücksichtigen.

Emotionale Sicherheit: Voraussetzung für die Erziehung

Ein Baum mit seiner meist üppigen Krone und seinem vergleichsweise dünnen Stamm, kann nur deshalb so fest im Boden stehen und selbst dem härtesten Sturm trotzen, weil er ein breites, tief verankertes und ausgeprägtes Wurzelwerk hat. Ohne Wurzel könnte der Baum weder stehen noch gedeihen. Seine Wurzeln sind die vordergründig nicht sichtbaren Anker des Baums, die ihn erden, die ihn mit Nährstoffen versorgen und die ihm sogar beim Wachsen helfen. Doch nicht nur Bäume brauchen ein festes Fundament. Auch Menschen und v. a. Kinder benötigen eine unsichtbare Stütze. Die Wichtigkeit dieser Wurzeln geht in der Praxis des Alltags oft unter. Schließlich liegt es auf der Hand, dass sich die elterliche Aufmerksamkeit primär auf die Entwicklungsfortschritte der Kleinen richtet. Genau wie beim wachsenden Baum legen Eltern bei ihren Kindern Wert darauf, dass sie prächtig wachsen und zahlreiche Äste entwickeln, an denen sie später viele Früchte tragen können.

Süßigkeiten spielend einteilen

Wenn es um Süßes geht, gibt es bei den meisten Kindern kein Halten mehr. Durch Naschspiele lernen die Kleinen jedoch einen gesunden und genussvollen Umgang mit Schokolade & Co.

Süßes Loseziehen: Mischen Sie in einer großen, nicht durchsichtigen Tüte verschiedene Naschereien (Kekse, Schokolade, Weingummi) mit diversen gesunden Leckerbissen (Nüsse, Rosinen, Trockenfrüchte). In der Tüte sollte sich insgesamt die Wochenration, die Ihr Kind an gesunden und süßen Leckereien essen darf, befinden. Nun lassen Sie das Kind jeden Tag ein süßes Los ziehen - hat es Glück, ist es zuckersüß, hat es vermeintlich „Pech", erwischt es etwas gesundes Süßes.

Süßes selbst machen: Selbstgemachtes schmeckt nicht nur oft besser, sondern ist meistens auch gesünder. Besonders wenn das Kind beim Produzieren aktiv mithelfen und aussuchen durfte, ist der Genuss später noch größer. Wie wäre es daher einmal mit selbst gemachten Kartoffelchips oder Haferkeksen?

Essen im Astronautenanzug: Dieses Spiel macht nicht nur Spaß, sondern eignet sich auch besonders gut für Kinder, die Süßes am liebsten in Windeseile verschlingen würden. Und so geht es: Das Kind muss eine möglichst dicke Jacke und am besten zwei Paar Handschuhe überziehen, sodass es sich möglichst schlecht bewegen kann. Dann bekommt es Messer und Gabel in die Hand gedrückt und soll damit nun eine Tafel Schokolade oder ein Päckchen Gummibärchen öffnen und zwei Stück davon essen. Durch die volle Montur ist das besonders schwierig und dauert lange. Es ist aber auch lustig und hindert den Knirps am Schlingen.

Doch genau wie beim simplen Beispiel des Baums dürfen Eltern nie vergessen, worauf sich die Entwicklung Ihres Kindes stützt.

Die Wurzeln, mit denen sich Kinder im Boden verankern und durch die sie Festigkeit und Standkraft erfahren, bestehen aus sicheren, festen und verwurzelten emotionalen Bindungen. Ein sicherer, verlässlicher familiärer Rückhalt gibt Kindern das Rückgrat, das sie brauchen, um sich entwickeln zu können und um nicht beim leisesten Sturm entwurzelt zu werden. Emotionale Sicherheit, also Liebe, Vertrauen und Bindung der Eltern, ist nicht nur eine emotionale Stütze, sondern auch die Voraussetzung für eine funktionierende Durchsetzung von Regeln. Kinder, die emotional gefestigt sind und sicher um die Liebe ihrer Eltern wissen, verstehen Einschränkungen, die sie einmal durch elterlich gesetzte Grenzen erleben können, nicht als Liebesentzug. Kinder, die spüren, dass sie einen festen Platz im Herzen ihrer Eltern haben, lernen bald zu trennen, ob die Regeln und Grenzen, die es im Alltag einzuhalten gilt, etwas über ihre persönliche Liebenswürdigkeit aussagt, oder einfach nur dafür da sind, das Zusammenleben zu regeln.

Emotionale Sicherheit stärken: kleine Gesten – große Wirkung

Nicht nur beim Kuscheln und Schmusen erfährt das Kind eine emotionale Stärkung durch die Eltern, auch kleine Alltagsgesten schaffen Rückhalt:

- Gefühle erkennen und zulassen: Kinder kennen sich in emotionalen Fragen noch nicht so gut aus. Bieten Sie ihnen Hilfe an. Am einfachsten geht das, wenn Sie die eigene Gefühlslage erklären. Besonders bei Stimmungsschwankungen sollten Sie Ihre Reaktionen erläutern.
  Beispiel: Erklären Sie, dass Sie sich über ein umgefallenes Glas ärgern, dass das aber nichts mit der Liebe zu Ihrem Kind zu tun hat.
- Auch negative Stimmungen zulassen: Ihr Kind soll lernen, dass auch negative Gefühle zum Leben gehören. Wenn Sie merken, dass Ihr Kind eine schlechte Stimmung erlebt (Wut, Trauer oder Angst) widmen Sie sich ihm und helfen Sie ihm, damit umzugehen. Auch hier ist es wichtig, dem Kind zu zeigen, dass es auch dann geliebt wird, wenn es mal schlechte Laune hat.
- Offenes Familienklima: Die Familie ist die erste Sozialstruktur, die Kinder kennenlernen. Sie prägt das kindliche Verständnis von zwischenmenschlichem Umgang. Achten Sie also darauf, dass Freundlichkeit, Offenheit und Diskussionsbereitschaft das Klima bestimmen. Lassen Sie das Kind schon früh daran teilhaben. So kann es lernen, dass selbst Diskussionen oder Meinungsverschiedenheiten nichts Schlimmes sind, sondern sogar zu einem geordneten Verhältnis, in dem sich jeder verstanden fühlt, beitragen können.

Eine funktionierende Erziehung

Das Regelwerk der Erziehung

Fakt ist also: Regeln und Grenzen sind unerlässlich für eine funktionierende Erziehung. Fakt ist aber auch: Regeln und Grenzen funktionieren nicht um ihrer selbst willen. Und das ist nicht nur in der Erziehung so, sondern auch in der Erwachsenenwelt.

Zur Verdeutlichung dient wieder das simple Beispiel des Straßenverkehrs: Nur weil eine Ampel auf Rot steht, fühlen Sie sich nicht automatisch dazu angehalten, stehen zu bleiben. Sie bleiben nur deshalb stehen, weil Sie wissen, was das Zeichen bedeutet und weil Sie auch wissen, dass ein Sinn hinter diesem System steckt. Ferner wissen Sie, dass die Ampel früher oder später wieder auf Grün umspringen wird und Sie gehen dürfen; Ihre persönlichen Interessen kommen also nicht zu kurz. Insbesondere wissen Sie aber, dass Sie eine Sanktion erwartet, sollten Sie auf die Idee kommen, bei „Rot" zu gehen.

All dies sind Informationen und Gepflogenheiten, die für Sie inzwischen selbstverständlich sind, machen Ihnen die Regeln im Straßenverkehr plausibel und bringen Sie dazu, sie einzuhalten.

Ebenso funktioniert es auch mit Regeln, die für Kinder gelten sollen. Das Einhalten und Akzeptieren von bestimmten Regeln und Grenzen ist an die verschiedensten Bedingungen und Voraussetzungen geknüpft, die die Regelwerke für die Kleinen erst verständlich und funktionsfähig machen. Wir sprechen von bestimmten Eckpfeilern der Erziehung. Hierzu zählen die elterliche Aufmerksamkeit, Konsequenz, Routine, Geduld, Lob und auch die Abgabe von Verantwortung an die Kinder. Diese Attribute geben der Erziehung eine klare Struktur und helfen, Regeln aufzuweisen und umzusetzen.

Es folgt ein genauerer Blick auf die einzelnen Eckpfeiler der Erziehung.

Kinder brauchen Liebe und Aufmerksamkeit

Der Wunsch nach Aufmerksamkeit

Ein Kind, das andere Kinder schlägt, wird im Kindergarten von der Kindergärtnerin gerügt. Ein Kind, das sich im Supermarkt brüllend auf den Boden wirft, um eine bestimmte Süßigkeit zu bekommen, wird von seiner Mutter wieder hochgezogen, geschimpft oder aber es bekommt sogar die Süßigkeit. Ein Kind, das jämmerlich weint und laut schreit, wird von seiner Mutter getragen. Was ist allen diesen Kindern gemein? Die Antwort scheint zunächst simpel: Sie verhalten sich auffällig; teilweise sogar störend und nervenaufreibend. Sieht man genauer hin, erkennt man, dass ihr störendes Verhalten aber immer zur gleichen Konsequenz führt: Sie alle stehen im Mittelpunkt und bekommen Aufmerksamkeit.
Diese Aufmerksamkeit ist zwar nicht unbedingt immer positiv oder liebevoll; dennoch handelt es sich um eine Form von Aufmerksamkeit. Was Erwachsenen oft nicht bewusst ist, ist die Tatsache, dass Kinder einen derart starken Drang nach Aufmerksamkeit haben, dass es ihnen bisweilen sogar egal ist, in welcher Form sie diese erhalten. Einem Kind dabei das richtige Maß an Aufmerksamkeit zuteil werden zu lassen, ist die Basis einer gesunden Be- und Erziehung und verhindert, dass sich das Kind seine Aufmerksamkeit auf laute, unangenehme Weise erkämpfen muss. Denn natürlich sehnen sich alle Kinder nach positiver Aufmerksamkeit, also Liebe; ist diese aber nicht sofort abrufbar, fordern sie Aufmerksamkeit in einer anderen Form.

INFO

Bereits Babys brauchen Anerkennung

Von Geburt an durchläuft das Kind einen Entwicklungsprozess – und zwar nicht nur in physischer, sondern auch in psychischer Hinsicht. Die Persönlichkeit des Kindes wird auch schon in der sehr frühen Phase des Lebens geprägt und sollte aus diesem Grund von Anfang an Beachtung finden. Insbesondere durch Liebe und Aufmerksamkeit erreicht man als Elternteil dabei, dass das Kind in seinem Selbstwertgefühl sicherer wird und seine Eigenschaften voll ausprägen kann. Geben Sie daher Ihrem Kind von Anfang an so oft wie möglich Zuwendung, Liebe und Bestätigung. Gerade in ungewohnten Situationen hilft man so dem Kind, seine Scheu zu verlieren und sich der Welt so zu zeigen, wie es ist.

Auch eine Rüge zeigt dem Kind, dass man sich mit ihm beschäftigt. Worum es dem Kind geht, ist nicht schwer zu verstehen: Es will wahrgenommen werden, im Mittelpunkt stehen und mit aller Macht durchsetzen, dass sein Bedürfnis, gesehen und beachtet zu werden, nicht zu kurz kommt.

Die Spirale der Aufmerksamkeit und ihre Folgen

Selbstverständlich wünscht sich jedes Kind, dass seine Eltern ihm ihre ungeteilte Aufmerksamkeit widmen. Ein Lob, eine Streicheleinheit oder ein gemeinsames Spiel machen schließlich sowohl den Eltern als auch dem Kind mehr Spaß als Gebrüll oder Strafen. Kinder sind aber sehr sensibel und lernen rasch, wie sie ihre Bedürfnisse schnellstmöglich und verlässlich befriedigen können. Auch Kleinkinder wissen genau, dass die elterliche Aufmerksamkeit ihnen sofort dann zuteil wird, wenn sie weinen oder schreien. Dieser Prozess kann sich so weit steigern, bis das Verhalten immer auffälliger und lauter wird. Schließlich brüllen Kinder in der Öffentlichkeit oder werfen Dinge aus dem Supermarktregal. Schließlich lohnt es sich für sie (jedenfalls auf den ersten Blick), einen solchen Radau zu machen: Sie alle bekommen Aufmerksamkeit und stehen unübersehbar im Mittelpunkt. Dieses Ringen um Aufmerksamkeit gehört dabei zu einer ganz normalen Entwicklung des Kindes. Es testet, wie es sich Gehör verschaffen kann. Selbst Kinder besonders engagierter Eltern, die sich bewusst viel Zeit für ihre Kleinen nehmen, können in diese Aufmerksamkeitsspirale geraten. Ist es einmal so weit gekommen, dass Kinder ihre Aufmerksamkeit penetrant einfordern, beginnt das elterliche Erziehungs-

Fundament zu wackeln. Die Machtverhältnisse haben sich umgekehrt: Nicht die Eltern entscheiden, wann sie sich um ihr Kind kümmern, sondern die Kinder befehlen durch lautstarkes oder auffälliges Verhalten, wann die Eltern sich um sie bemühen müssen.

Im schlimmsten Fall entsteht ein Teufelskreis. Die Kleinen erkennen, dass sie es sind, die die Entscheidungsgewalt bekommen. Ihre „Macht" kann sich u. U. schließlich so weit steigern, dass die Kinder Regeln und Hierarchieverhältnisse infrage stellen.

Schubladendenken verschlimmert die Situation

Je auffälliger und störender das Verhalten des Kindes wird (Schlagen, Beißen, Schreien), desto eher kommt es zu einer Sackgassensituation. Das Kind gerät schnell in die Schublade des „schwer erziehbaren" oder „auffälligen" Kindes und erfährt ein entsprechend gereiztes oder frustriertes Verhalten von Erziehern oder Eltern.

Für das Kind ist es in dieser Lage nahezu unmöglich, an positive Aufmerksamkeit in Form von Kuscheln und Lob zu kommen, da ihm immer zunächst mit (wenn auch unterbewusster) Skepsis gegenübergetreten wird. Aus eigener Kraft schafft es nicht, diese Spirale zu durchbrechen und wird daher noch penetranter; es wird lauter, noch auffälliger und beginnt, immer mehr Regeln zu brechen. Irgendwoher muss es seine Aufmerksamkeit schließlich bekommen. Frustration ist für alle Beteiligten vorprogrammiert.

Wege aus der Aufmerksamkeitsspirale

Natürlich steigert sich dieser Kampf um Aufmerksamkeit nicht bei jedem Kind in solch ein unerträgliches Ausmaß. Dennoch sollten sich Eltern bewusst machen, dass sämtliche Handlungen ihrer Knirpse durch ein bestimmtes Verlangen motiviert sind. Neben Hunger, Müdigkeit oder Angst ist das auch sehr oft der Wunsch nach Zuwendung. Jedes Kind hat ein Recht darauf, dass dieser Wunsch erfüllt wird. Jedenfalls in einem bestimmten Maß. Auch hier helfen Regeln und Grenzen dem Kind, diesen Prozess zu verdeutlichen. Um Klarheit in die Spirale der Aufmerksamkeit zu bringen, ist für Eltern Folgendes wichtig:

Kindliches Verhalten hinterfragen

Machen Sie sich bewusst, welchen Hintergrund das „auffällige" Verhalten Ihres Kindes hat. Ist es wirklich hungrig oder hat es Schmerzen oder schreit es,

TIPP

Feste Zeiten für Zuwendung

Wenn für das Kind sichergestellt ist, dass es genug Beachtung bekommt, muss es auch nicht quengeln. Richten Sie eine feste Zeit am Tag ein, in denen Sie ganz Ihrem Kind gehören. Vielleicht eine Stunde vor dem Zubettgehen. In dieser Zeit darf das Kind „Chef sein"; es soll selbst bestimmen, ob Sie gemeinsam etwas spielen, lesen oder kuscheln.

damit Sie sich kümmern? Ist klar zu erkennen, dass es dem Kleinen hier nur darum geht, Gehör zu erhaschen, reagieren Sie auf unangemessenes Verhalten mit Ignoranz. Machen Sie dem Kind bewusst, dass negatives Verhalten keine Vorteile hat. Aber Achtung: Vergessen Sie dabei nicht, dass auch Rügen und Schimpfen für das Kind bedeuten, dass es im Mittelpunkt steht und es damit zu seinem Ziel gekommen ist. Ignoranz statt Strafe ist in solchen Momenten das richtige Stichwort.

Seien Sie großzügig mit Aufmerksamkeit

Jedes Kind verdient es, im Mittelpunkt zu stehen. Bringen Sie es daher erst gar nicht in die Situation, darum kämpfen zu müssen. Ist es ruhig und lieb, verstärken Sie dieses Verhalten mit einer Kuscheleinheit oder einem Lob. Aufmerksamkeit, die das Kind aus freien Stücken erhält, gibt ihm Sicherheit. Ebenso ist es wichtig, Aufmerksamkeit zum richtigen Zeitpunkt zu gewähren. Besonders nach einem „ausgefochtenen Aufmerksamkeitskampf" sind seelische Streicheleinheiten unerlässlich. Hat Ihr Kind also wegen einer unnötigen Sache gequengelt und ist es nun infolge Ihrer Ignoranz still geworden, reagieren Sie darauf und belohnen seine Ruhe mit lobenden Worten und Anerkennung.

Vorsicht ist besser als Nachsicht

Oftmals entstehen Quengeleien immer in den gleichen Situationen. Erkennen Sie diese im Vorfeld und wenden Sie sie mit festgelegten Ritualen ab. Beispiel: Legen Sie bestimmte Zeiten fest, in denen Ihr Kind Süßes essen darf. Das kann beispielsweise jeden Dienstag und Samstag sein. Außerhalb dieser Termine gibt es nichts. So kann sich das Kind darauf einstellen, dass es nicht um Süßigkeiten kämpfen muss, sondern ohnehin dienstags und samstags welche bekommt. Sofern Sie konsequent sind, wird es schnell merken, dass es sich nicht lohnt, am Montag um Schokolade zu betteln.

Durchsetzungskraft heißt nicht Strenge

Elterliche Ängste beim Durchsetzen von Regeln

Die besten Regeln der Welt machen keinen Sinn, wenn sie nicht eingehalten und durchgesetzt werden. Genau hier liegen aber die meisten Probleme von Eltern. Das Aufstellen von Regeln fällt vielen noch leicht; Sie wissen schließlich, was Sie wollen und welche Regeln gelten sollten. Was die meisten jedoch nicht wissen bzw. in welchem Punkt sie sich jedenfalls unsicher fühlen, ist die Durchsetzung der Regeln. Diese Unsicherheit resultiert zumeist aus dem Umstand, dass Eltern nicht unnötig hart oder streng gegenüber ihren Kindern auftreten wollen. Moderne Eltern möchten ihren Kleinen schließlich nichts aufdrängen oder gar ihren Willen brechen. Zum anderen fürchten viele (wenn auch unbewusst), die Zuneigung und Sympathie ihres Kindes zu verlieren, wenn sie allzu streng sind.

Kinder brauchen starke Eltern

Was viele Eltern dabei aber nicht beachten, ist die Tatsache, dass sie genau das Gegenteil von dem erreichen, was sie wollen, wenn sie sich nicht durchsetzen und auf die Einhaltung von Regeln bestehen. Kinder suchen nämlich nach Eltern, die ihnen Orientierung und Halt bieten. Bleiben die Erwachsenen dagegen immer in einem „Jein" stecken, machen sie auf die Kinder einen labilen und „wackeligen" Eindruck. Schlimmstenfalls zieht der Knirps daraus die Schlussfolgerung, dass der Wille der Eltern ohnehin nicht viel Gewicht hat und sein eigener Wille viel mehr zählt. Natürlich ist der Wille des Kindes wichtig. Es ist aber ebenso wichtig, dass es lernt, seinen Willen gemeinnützigen Regeln unterzuordnen. Andernfalls wird es im späteren Leben auf Schwierigkeiten stoßen, wenn es einmal gefragt ist, sich unterzuordnen. Erlebt das Kind seinen Willen als übergeordnet, lernt es auch nicht, ein sensibles Gespür für die Bedürfnisse anderer zu entwickeln. Eine konsequente Einhaltung von Regeln ist daher nicht nur für den alltäglichen, reibungslosen Ablauf des Familienlebens, sondern auch für das Wohl des Kindes wichtig. Auch wenn das Einhalten von Regeln für Kinder nicht immer die reinste Freude ist (kein Kind geht immer gern pünktlich zu Bett), sehnen sich Kinder innerlich danach, dass Eltern mit konsequenter, aber liebevoller Bestimmtheit diese Regeln durchsetzen. Den Kindern wird auf diese Weise vermittelt, dass die Eltern genau wissen, was zu tun und zu lassen ist. Sie bieten Richtlinien, auf die man sich verlassen kann. Das Kind zieht daraus sogar Vertrauen und ein Sicherheitsgefühl gegenüber den Großen. Konsequenz ist daher ein unerlässlicher Eckpfeiler der Erziehung.

Regeln liebevoll durchsetzen

Die Einhaltung von Regeln muss dabei auch nicht zwangsläufig mit Strenge einhergehen. Im Gegenteil: Kinder spüren schnell, dass Strenge und Härte kein Ausdruck von Sicherheit und Durchsetzungskraft, sondern nur dann vonnöten sind, wenn sich Erwachsene nicht mehr zu helfen wissen. Ein klar und ruhig gesprochenes Wort wird von Kindern (ebenso wie von Erwachsenen) ernster genommen als ein hysterisches Schreien. Freundlichkeit und Höflichkeit sind daher entscheidende Verhaltensregeln, wenn es darum geht, das Kind zur Einhaltung einer Regel zu bewegen. Und zwar nicht nur wegen der gebotenen Vorbildrolle, die Eltern einnehmen sollten, sondern auch deshalb, weil sich

TIPP

Wie man Regeln klar, aber liebevoll durchsetzt

- Sparsam mit „Neins" umgehen: Sprechen Sie Verbote nicht voreilig aus, sondern nur dann, wenn sie wirklich unausweichlich sind. Ein „Nein" wirkt schließlich immer hart und sollte nur dann notwendig sein, wenn sich kein Kompromiss finden lässt.

- Freundliche Formulierungen wählen: Wenn Sie von klein auf höflich mit Ihrem Kind reden, wird es diesen Sprachgebrauch auch für sich übernehmen. Vergessen Sie nie „Bitte" und v. a. auch „Danke" zu sagen, wenn sich das Kind an Ihre Regeln gehalten hat. Versuchen Sie auch Regeln und Verbote so zu formulieren, wie Sie selbst sie gern hören würden.
  Statt Sätzen wie „Räum jetzt endlich dein Zimmer auf" empfehlen sich höfliche Formulierungen: „Wir hatten vereinbart, dass du dein Zimmer ordentlich hältst. Es würde mich freuen, wenn du dich an diese Vereinbarung auch halten würdest."

- Ich-Botschaften: Kindern und Erwachsenen ist gemein, dass sie nicht gern angegriffen werden. Verhält sich das Kind einmal unangemessen, vermitteln Sie ihm sein Fehlverhalten als Ich-Botschaft. Beispiel: Das Kind quengelt, während die Mutter telefoniert. Statt zu sagen „Du störst. Du bist so laut, das hält ja keiner aus", sagen Sie: „Das Gespräch ist sehr wichtig für mich. Ich würde mich freuen, wenn Du mich kurz in Ruhe telefonieren lassen könntest."

- Ignoranz statt aktiver Strafe: Wer harte Bestrafungen vermeiden möchte, bestraft das Fehlverhalten seines Kindes am besten mit Ignoranz. Geben Sie ihm einfach für ein paar Minuten keine Aufmerksamkeit. Vor dem bereits angesprochenen Hintergrund der „Aufmerksamkeitsspirale" ist diese Reaktion nicht nur sanfter, sondern oft auch zielführender.

jeder Mensch (egal welchen Alters) ernst und wichtig genommen fühlt, wenn man ihn freundlich um etwas bittet. Sie kennen das selbst: Aufgaben, die einem der mies gelaunte Chef aufbrummt, erledigt man mit weniger Elan und positiver Stimmung als solche, die der Chef mit einer höflichen Bitte formuliert.

Routine und Verlässlichkeit

Dass die Befürchtung mancher Eltern, Regeln und Grenzen gingen mit Strenge und übermäßiger Autorität einher, nicht zutreffen, zeigt nicht nur das vorangegangene Kapitel, sondern ergibt sich eigentlich schon aus dem Wort „Regel" selbst. Wer sich das Wort einmal genauer ansieht, erkennt schnell, dass sich hier nicht der Begriff „Strafe" oder „Strenge" verbirgt, sondern im Wort „Regel" vielmehr die Verwandtschaft mit dem Wort „Regelmäßigkeit" zu erkennen ist. Regeln bedeuten Regelmäßigkeit. Insoweit ist das Wort völlig neutral. Denn Regelmäßigkeit bedeutet nichts Schlimmes oder Hartes, sondern nur, dass etwas wiederkehrt. Und zwar konsequent. Dinge, die regelmäßig passieren, sind vorhersehbar; man kann sich auf sie verlassen und sich danach richten. Insoweit schafft Regelmäßigkeit Vertrauen, also durchaus etwas Positives. Und genau das wissen und spüren auch Kinder. Regelmäßigkeiten und Routine – also letzten Endes Konsequenz – sind daher wichtige Grundlagen einer funktionierenden Erziehung.

Die Wichtigkeit von Regelmäßigkeiten

Regeln und Grenzen dienen als Richtlinien, die den Kindern einen bestimmten Verhaltensspielraum einräumen und ihnen auf diese Weise helfen, entweder Gefahren zu vermeiden („Du gehst erst über die Straße, wenn die Ampel grün zeigt") oder sich im Familienleben zu integrieren („Du räumst deinen Teller nach dem Essen bitte in die Spüle").

Regeln verlieren jedoch ihre Bedeutung, und damit ihren Nutzen, wenn ihnen die Regelmäßigkeit fehlt. Ohne Regelmäßigkeit mutieren Regeln zu leeren Worthülsen. Kinder merken schnell, mit welcher Regelmäßigkeit Regeln gelten. Wird es von den Erwachsenen geduldet, dass manche Regeln hin und wieder nicht beachtet werden, ziehen Kinder daraus die (an sich logische) Konsequenz, dass die Worte ihrer Eltern unterm Strich ja doch nicht so viel Gewicht haben und man eigentlich nicht immer zwingend auf das hören muss, was die Großen sagen. Und schon entsteht ein Teufelskreis. Ein Beispiel: Die vereinbarte Schlafenszeit Ihres Kindes ist 20 Uhr. Nun hat es aber durch Bitten und Betteln bereits ein paar Mal erreicht, dass es erst um 20.30 Uhr schlafen muss. Es denkt sich: „Die Regeln mit der Schlafenszeit sind also verhandelbar. Wenn ich es geschickt anstelle, entscheide ich über die Uhrzeit. Meinen Eltern ist das ja nicht so wichtig." Die Eltern wundern sich in solchen Situationen oft, warum es plötzlich fast täglich zu einem Machtkampf um die Schlafenszeit kommt und reagieren irgendwann genervt und streng. Und schon ist es passiert: Die Regel der Schlafenszeit wird mit Härte und Strenge durchgesetzt, obwohl sie in ihrem Ursprung eigentlich nur nach einer Regelmäßigkeit verlangt hat. Kurz gesagt: Verlieren Regeln ihre Regelmäßigkeit (also ihre konsequente Einhaltung), müssen sie mit unnötiger Härte durchgesetzt werden. Natürlich sind Ausnahmen erlaubt. Wichtig ist jedoch: Wenn es doch einmal eine Ausnahme von der Regel gibt, muss diese auch klar als solche definiert werden. Denn Ausnahmen bestätigen eben die Regel!

Selbst konsequent bleiben

Konsequenz ist also die Voraussetzung dafür, dass Kinder Regeln einhalten und man nicht zu unnötiger Härte greifen muss. Was viele dabei aber vergessen: Nicht nur Kinder müssen sich an Regeln halten; Regeln gelten auch für Erwachsene. Die Erziehung unserer Kleinen beginnt bei uns selbst. Denn wie soll Ihr Kind verlässlich werden und sich immer brav an Regeln halten, wenn Sie es selbst nicht sind bzw. tun? Auch Erwachsene müssen daher lernen, sich konsequent an Regeln zu halten und so den Kleinen mit gutem Beispiel voranzugehen. Auf diese Weise erreicht man nämlich nicht nur, dass die Kleinen die Regeln immer wieder erleben und so verinnerlichen, sondern man erreicht auch, dass die Knirpse die Regeln konsequenter einhalten. Wenn es selbstverständlich ist, dass auch die Erwachsenen nicht einfach so über die Straße laufen, sondern erst auf die Ampel sehen, dann übernehmen auch die Kinder diese Selbstverständlichkeit. Erst wenn die Erwachsenen „einführen", dass es auch Ausnahmen von Regeln gibt (indem Sie beispielsweise in einer eiligen Situation selbst ohne nach links und rechts zu schauen über die Straße laufen), hinterfragen auch die Kleinen die Wichtigkeit und Ernsthaftigkeit von Regeln und beginnen sie zu brechen.

TIPP

Regeln sind für alle da

Damit Kinder die Wichtigkeit von Regeln verstehen, ist es wichtig, dass sich nicht nur das Kind allein an Regeln halten muss, sondern auch sein Umfeld konsequent ist. Achten Sie also darauf, dass alle (!) Familienmitglieder sich an die Pläne und Regeln halten, die in der Familie gelten. Kinder sind sehr aufmerksam und bemerken die kleinsten Details. Wenn Sie beispielsweise Ihr Wasserglas abends auf dem Wohnzimmertisch stehen lassen und es erst am nächsten Morgen in die Spülmaschine räumen, wird sich Ihr Kind schnell fragen, warum es selbst seinen Teller immer sofort abräumen soll. Ermutigen Sie daher sich selbst und den Rest der Familie, mit gutem Beispiel voranzugehen.

Verlässlichkeit auch bei Alltagsdingen

Kinder sind neu in dieser Welt und müssen sich daher erst in ihr zurechtfinden. Sie sehnen sich daher nach Orientierungspunkten, die ihnen die Richtung weisen und auf die sie sich verlassen können. Konsequente Regeln geben eine solche Stütze. Aber damit allein ist es nicht getan. Konsequenz und Regelmäßigkeit sind nicht nur bei der Einhaltung von Regeln und Grenzen unerlässlich. Auch in alltäglichen Dingen wollen sich (nicht nur) Kinder auf ihre Eltern und ihre Umwelt verlassen können. Verlässlichkeit in allen Lebenslagen schafft Vertrauen, das Kinder brauchen, um in ihren Eltern Halt und Orientierung zu finden und zählt damit zu den wichtigsten Eckpfeilern in der Er- und Beziehung zwischen Eltern und Kind. Eltern, die heute „hü“ und morgen „hott“ sagen, bringen ihre Kinder durcheinander. Kleinkinder können spontane Meinungsänderungen oft nicht verstehen und empfinden sie als Verwirrung und Vertrauensbruch. Achten Sie also auch im Alltag darauf, dass Sie in allem, was sie sagen, konsequent sind. Wenn Sie Ihrem Kind versprechen, es vom Kindergarten abzuholen, seien Sie daher auch pünktlich (!) nach Kindergartenschluss dort. Wenn Sie Ihrem Knirps versprochen haben, dass sie mit ihm gemeinsam am Samstag einen Waldspaziergang machen, halten Sie sich daran.

Routine im Alltag: Die wichtigsten Rituale

Alltägliche Regelmäßigkeiten schweißen zusammen und geben dem Kind eine Struktur, auf die es sich verlassen und freuen kann.

- Gemeinsames Essen: Versuchen Sie, wenigstens einmal am Tag die ganze Familie an den Tisch zu bekommen. Das stärkt das Wir-Gefühl und gibt Gelegenheit zur Kommunikation.
- Feste Zeiten: Kinder brauchen Struktur, um sich zu orientieren und Halt zu finden. Besonders die Mahlzeiten sollten feste Zeiten haben, die für das Kind vorhersehbar sind.
- Aufräumtag: Damit Ihr Knirps ein Gespür für Ordnung entwickeln kann, müssen Sie ihm zunächst unter die

Arme greifen. Richten Sie hierfür ein oder zwei feste Tage in der Woche ein, an denen Sie zu einer festen Zeit gemeinsam mit ihm Ordnung schaffen. So lernt das Kind, dass es zum einen nicht um Ordnung herum kommt; aber auch, dass man sich die Arbeit erleichtert, wenn man regelmäßig aufräumt.

- Zeit zu zweit: Geben Sie Ihrem Kind die Gewissheit, dass es auch in emotionaler Hinsicht nie zu kurz kommt. Wenn es jeden Tag einen fixen Zeitpunkt gibt, an dem Sie sich mit ihm beschäftigen, kann es sich darauf freuen und muss nicht außerhalb dieser Zeit um Ihre Gunst kämpfen.
- Gutenachtritual: Kinder gehen eigentlich nie gern schlafen. Gestalten Sie das Schlafengehen daher zu einem schönen, gemeinsamen Ritual, auf das sich das Kleine freuen kann. Hierzu können Sie dem Kind beispielsweise vorlesen oder gemeinsam ein Hörspiel hören.

Vorhersehbarkeit in emotionalen Reaktionen

Konsequenz hat viele Aspekte. Sie spielt bei der Einhaltung von Regeln eine Rolle und ist ebenso wichtig, wenn es darum geht, alltägliche Routinen zu schaffen. Nicht zu vergessen ist zudem die Tatsache, dass Konsequenz und Regelmäßigkeit auch in emotionalen Angelegenheiten eine Rolle spielt. Gerade für Kinder ist es wichtig, dass emotionale Reaktionen eine gewisse Regelmäßigkeit haben und damit vorhersehbar sind. Dadurch, dass sich Kinder noch nicht gut in der Welt auskennen und die Sprache bzw. Probleme noch nicht komplex erfassen können, verlassen sie sich umso mehr auf ihre emotionale Wahrnehmung. Sie spüren Stimmungen rasch und deuten oft den Gefühlszustand ihrer Eltern. Umso wichtiger ist es für sie, dass sie ihre Eltern emotional „lesen" können. Ein Beispiel: Eine Mutter, die ihrem Kind grade noch freudig das Essen bereitet hat, kommt plötzlich aus dem Nebenzimmer wieder, in dem sie ein unangenehmes Telefonat geführt hat. Ihre Stimmung ist plötzlich schlecht. Und das spürt auch das Kind: Der Tonfall der Mutter wird ggf. härter, sie ist weniger aufmerksam, schlimmstenfalls platzt ihr Ärger vor dem Kleinen heraus. Das Kind wundert sich und versteht die Reaktion der Mutter nicht. Es fragt sich: Gerade war doch noch alles gut, warum ist sie jetzt so hart zu mir? Auch wenn die Stimmung der Mutter gar nichts mit dem Kind zu tun hat, fühlt sich das Kind automatisch angesprochen und wird verunsichert. Es kann schließlich keinen

Zusammenhang zwischen seinem Verhalten und der Wut der Mutter herstellen, denn es gibt ja auch keinen. Eltern müssen ihre Gefühlslagen deshalb keineswegs verbergen – das klappt zumeist ohnehin nicht. Sie sollten aber versuchen, ihre Stimmungen für das Kind begreifbar zu machen. Im Babyalter funktioniert das natürlich noch nicht. Älteren Kindern kann man dagegen durchaus erklären, wie sich der plötzliche Stimmungswandel ergeben hat.

INFO

Stimme und Körpersprache

Besonders kleine Kinder deuten unsere Stimmung noch nicht ausschließlich anhand der gesagten Worte, sondern anhand unserer Stimmlage und Körpersprache. Um für die Knirpse so verständlich wie möglich zu sein, ist es daher Aufgabe der Erwachsenen, vermehrt auf die Stimme und Körperhaltung zu achten. Achten Sie beispielsweise auf Blickkontakt oder gehen Sie in die Hocke, wenn Sie dem Kind etwas erklären wollen. Unterstreichen Sie Lob und Tadel zudem mit einer adäquaten Stimmlage, um die emotionale Seite des Gesagten besser verständlich zu machen.

Verständlichkeit

Wann aus Regeln Willkür wird

Wir halten an einer roten Ampel an, weil wir wissen, dass sonst evtl. ein Unfall passieren könnte und weil wir wissen, dass die Ampel bald umspringen wird und wir zu unserem Ziel kommen. Wir wissen also, warum es Ampeln gibt und warum es Sinn macht, an ihnen zu halten. Ampeln erscheinen uns zwar trotzdem manchmal als lästig; wir empfinden sie aber nicht als Willkür. Und genau das ist der springende Punkt: Willkür geschieht ohne eine erkennbare und sinnvolle Handlungsmotivation.

Funktionierende Regelwerke haben dagegen immer einen Sinn, der allen Parteien verständlich ist und der allen Beteiligten derart am Herzen liegt, dass sie bereit sind, die Regeln einzuhalten. Kindern geht es hier nicht anders. Auch sie erleben Willkür als beengend und ungerecht. Viele kennen dieses Gefühl aus ihrer eigenen Kindheit noch gut genug.

Oftmals liegt diese vermeintliche Ohnmacht gegenüber den Regeln der Erwachsenen aber allein daran, dass Kinder nichts mit den ihnen auferlegten Regeln anzufangen wissen. Sie kennen weder den Grund noch den Nutzen.

TIPP

Gehen Sie auf Augenhöhe mit Ihrem Kind

Zwar sollen Eltern ihre Kinder leiten und ihnen auch Regeln vorgeben, das bedeutet aber noch lange nicht, dass sie sich über die Kleinen stellen sollen. Obwohl ein gewisses Rangverhältnis zwischen Eltern und Kind besteht, hat dies nichts mit Über- oder Unterordnung zu tun. Kinder sind Menschen, die ernst genommen werden wollen. Versuchen Sie daher immer, „auf Augenhöhe" mit Ihrem Kind zu reden. Denn um selbstbewusst reifen zu können, brauchen Kinder die Gewissheit, dass auch ihre Meinung Gewicht hat.

Erklärung als Voraussetzung jeder Regel

Damit Ihr Kind die von Ihnen vorgegebenen Regeln nicht nur als „Machtmittel der Großen" versteht und daher nur widerwillig einhält, sollte man jede Regel und Grenze besprechen und erklären, bevor sie aufgestellt wird. Achten Sie dabei darauf, dass Sie dem Kind umfassend darlegen, welchen Nutzen die Regel hat. Wichtig ist auch, dem Kind klarzumachen, welche Vorteile die Regel für es selbst hat. Es liegt nun mal in der Natur des Menschen, den eigenen Interessen gerecht zu werden. Der persönliche Nutzen ist daher immer noch die größte Motivation, um Regeln einzuhalten. Natürlich sollte man solche Erklärungen nicht allein auf solche Argumente stützen, die für einen Erwach-

TIPP

Monologe machen machtlos

Sollte es vorkommen, dass Ihr Kind gegen eine Regel verstößt, muss dies natürlich gerügt werden. Dem Kleinen nun aber einen Monolog über sein Fehlverhalten zu predigen, macht wenig Sinn. Im Gegenteil: Oft kennen die Kinder bereits die Worte ihrer Eltern und können sie im wahrsten Sinne des Wortes nicht mehr hören. Sie langweilen sich und schalten ab. Das elterliche Wort verliert an Wirkung und Macht. Besser als einseitige Predigten ist deshalb, das Kind in die Diskussion mit einzubeziehen. Fordern Sie es auf, selbst zu erklären, was es falsch gemacht hat. Oder fragen Sie, ob es sich vorstellen kann, welche Konsequenz ihm droht. So können Sie sichergehen, dass Ihr Kind Ihren Worten folgt und den Regelverstoß in seiner Bedeutung verstanden hat.

senen als Motivation verstanden werden. Dass man von gesundem Gemüse „groß und stark" wird, interessiert leider nur die wenigsten Kinder. Hier müssen Sie sich kindgerechtere Argumente ausdenken. Sagen Sie Ihrem Kind beispielsweise, dass jeder Mensch Vitamine essen muss. Und wenn das Kind dies tut, also sein Gemüse isst, darf es auch als Ausgleich viel eher einmal etwas Süßes essen. Aber denken Sie dran: Machen Sie keine leeren Versprechungen. Wenn sich das Kind an die Regeln hält, müssen Sie das auch tun.

Diskussionen können Sinn machen

Alle Eltern wünschen sich insgeheim natürlich, dass ihre Kinder immer „brav" sind und tun, was die Erwachsenen sagen. So liefe das Familienleben reibungslos und entspannt, meinen sie. Jedenfalls auf den ersten Blick. Denn natürlich wirkt es harmonischer, wenn keine Diskussionen zwischen Eltern und Kind auftreten; aber ist es deshalb auch wirklich besser für das Kind? Die Antwort lautet eindeutig: Nein! Denn eine Diskussion über die Regel und deren Einhaltung kann ebenso viel Sinn haben, wie die Regel selbst. Niemand will sein Kind schließlich zu einem bedingungslosen „Jasager" erziehen. Wir wollen, dass unsere Kinder gefestigte Persönlichkeiten werden, die ihre Meinung kennen und diese auch vertreten. Im Erwachsenenleben ist das schließlich unerlässlich. Bieten wir ihnen hierfür jedoch keine Gelegenheit, werden sie auch nicht lernen, sich zu behaupten.

TIPP

Machtkämpfe vermeiden

Diskussionen sind gut – jedenfalls solange sie nicht zu Machtkämpfen ausarten, in denen es dem Kind nur ums Prinzip geht und es Ihre Autorität infrage stellen will. Wenn Sie merken, dass sich ein Gespräch zu einem Kräftemessen entwickelt, bleiben Sie ruhig und sachlich. Lassen Sie sich nicht auf die Stufe des verbalen „Armdrückens" herab, sondern erklären Sie dem Kind nochmals kurz und verständlich (aber nicht unfreundlich), warum die infrage stehende Regel zu gelten hat, warum seine Argumente keinen Halt haben und brechen Sie dann das Gespräch einfach ab. Lassen Sie sich nicht auf das Spielchen ein. Wenn Ihr Kind merkt, dass es mit solchen Kämpfen auf Granit stößt, also keine Reaktion bekommt (auch keine wütende), wird es schnell die Lust am Kräftemessen verlieren.

Als Elternteil sollte man daher durchaus ein offenes Ohr haben, wenn die Kleinen die Regel einmal hinterfragen. Nicht nur, weil noch Unklarheiten seitens des Kindes bestehen könnten, sondern weil es auch durchaus einmal vorkommen kann, dass das Kind eine Alternative zu der Regel kennt, die vielleicht besser funktionieren könnte oder einfach angenehmer ist. Seien Sie auch für solche Vorschläge offen. So zeigen Sie Ihrem Kind, dass die Regeln nicht nur bestehen, um die elterliche Macht zu zementieren, sondern auch, dass das Wort des Kindes Gewicht hat und seine Meinung wichtig ist. Vielleicht hat es wirklich Sinn, dass Ihr Kind eine halbe Stunde später zu Bett geht. Vielleicht schläft es dann länger durch?

Geduld

Fehler gehören zum Leben und zum Lernen

„Aus Fehlern lernt man." Diese Volksweisheit ist wohl wirklich jedem bekannt. Trotzdem lohnt es, einmal genauer über sie nachzudenken und auf diese Weise

vielleicht auch zu verinnerlichen. Denn durch die Erkenntnis, dass Fehler dem Lernen dienen, also durchaus eine nützliche und manchmal sogar unumgängliche Sache sein können, wächst auch unsere Akzeptanz gegenüber Fehlern und wir reagieren darauf gelassener. Besonders für Kinder, die sich in der Welt schlichtweg noch nicht auskennen, gibt es eine Menge Fehler, die meist unumgänglich gemacht werden „müssen". Das bekannteste Beispiel hierfür ist das Kind, das trotz Ermahnung und Warnung auf die heiße Herdplatte fasst. Anhand dieses simplen Beispiels wird deutlich, wie wichtig Fehler zum Lernen sind. Erst wenn man Konsequenzen am eigenen Leib spürt, weiß man, warum die jeweilige Regel (nicht auf die Herdplatte zu fassen) Sinn haben. Etwas Erlebtes bleibt immer besser in Erinnerung als etwas Gesagtes, da der ganze Körper in das Erlebnis eingebunden ist und nicht nur der Kopf. Neben solchen praktischen Erwägungen verstecken sich Fehler auch in der Auseinandersetzung mit den Eltern. Wenn ein Kind nie versucht hat, eine Regel zu überschreiten, wird es auch nicht lernen, welche Konsequenzen ihm blühen und dass es Sinn hat, sich an die Regel zu halten. Eltern sollten sich deshalb unbedingt klarmachen, dass Kinder nicht einfach „funktionieren" und sich immer brav an Regeln halten. Das können sie gar nicht! Sie sind schließlich neu in dieser Welt und müssen erst erkennen, was es bedeutet, wenn man sich nicht an Regeln hält. Fehler gehören zum Leben. Wichtig ist nur die Einstellung der Eltern: Werten Sie nicht jeden Fehler als Ungehorsam oder Versagen, sondern eher als Hilfe. Fehler helfen Ihren Kindern, sich zurechtzufinden und den Sinn von Regeln zu verstehen.

Auch bei Fehlern und Regelverstößen liebevoll bleiben

Kinder sollen die Möglichkeit bekommen, nicht nur anhand der elterlichen Ratschläge zu lernen, sondern ihre eigenen Erfahrungen machen zu dürfen. Und dazu zählen eben auch Fehler und Regelverstöße. Um Kindern diese Möglichkeit nicht zu nehmen, sollte man ihnen nicht das Gefühl geben, dass die Welt untergeht, nur weil sie einmal etwas falsch gemacht haben. Auch wenn Sie sich ärgern, versuchen Sie, Ruhe zu bewahren und geduldig zu reagieren. Auch in einer misslichen Lage soll Ihr Kind schließlich Vertrauen zu Ihnen haben können. Andernfalls wird es sich nicht trauen, einen Fehler zu gestehen und die ganze Sache damit noch schlimmer machen. Empfangen Sie Ihr Kind daher mit einem offenen Ohr und bringen Sie Geduld auf, die Situation nochmals mit ihm zu besprechen. Vielleicht ist es vom Stuhl gefallen, weil es trotz der Regel „Beim Essen wird still gesessen" und wiederholter Ermahnung zu sehr herumgezappelt hat und nun tut ihm das Knie weh. Macht nichts. Solange nichts Schlimmeres passiert ist, lernt Ihr Kind aus dieser Erfahrung. Es spürt die Konsequenzen buchstäblich am eigenen Leib. Vorausgesetzt es merkt, dass Sie ihm trotzdem helfen wollen, und erfährt, dass Sie ihm nochmals deutlich machen, warum es zum Sturz kam und wie es diesen Unfall künftig vermeiden kann.

Kindern Mut machen

Obwohl Fehler dem Lernprozess dienen, bedeuten sie auch immer einen Rückschlag, Kritik und Verunsicherung für das Kind. Damit Fehler nur positive Lerneffekte bei Ihrem Kind hinterlassen und nicht zu Selbstzweifeln führen, ist es wichtig, dass Sie Ihr Kind zu neuen Versuchen ermutigen. Hat Ihr Kind seinen Teller beim Versuch, ihn wie von Mama vorgegeben selbstständig abzuräumen, versehentlich fallen lassen, sollten Sie keinesfalls mit Sätzen wie „Gib mir das lieber, du bist dafür vielleicht doch noch zu klein" reagieren. Auf diese Weise verunsichern Sie Ihr Kind.

Um das Selbstvertrauen der Kleinen aufrechtzuerhalten und noch zu stärken, merken Sie sich folgenden Grundsatz: Je mehr Sie ihm zutrauen, desto mehr traut es sich selbst zu und desto besser wird es die Dinge meistern. Lassen Sie das Kind daher bei der nächsten Mahlzeit wieder den Teller abräumen und geben Sie ihm diesmal ermutigende Worte mit auf den Weg: „Du schaffst das. Ich weiß, dass Du es kannst!" Diese Worte wirken Wunder.

Verantwortung abgeben

Regeln können Aufgaben sein

Regeln sind wichtig, damit Kinder sich in der Welt orientieren können. Es ist aber ebenso wichtig, ihnen Freiheit zu geben, sodass sie sich selbst ein eigenes Bild von der Welt machen können, sie entdecken und lernen, eigene Erfahrungen zu machen. Regeln sind daher nicht immer nur als Einschränkungen oder Verbote, die Gefahren abwenden oder das Zusammenleben erleichtern, zu verstehen, sondern können ebenso als Aufgabe formuliert werden und dafür genutzt werden, dem Kind mehr Verantwortung zu übertragen. Unterschätzen Sie Ihr Kind dabei nicht. Viele Kinder wollen unbedingt Verantwortung übernehmen und machen ihre Sache sogar gut. Sie fühlen sich gebraucht und ernst genommen, wenn ihre Eltern ihnen kleine Arbeiten übertragen. Das wiederum stärkt ihr Selbstbewusstsein und macht sie sicherer und entdeckungsfreudiger. Formulieren Sie daher nicht nur Verbotsregeln, sondern auch Aufgabenregeln. Wichtig ist, dass Sie Vertrauen zu Ihrem Kind haben und es ermutigen. Sie werden überrascht sein, wie viel es schon kann.

Kleine Aufgaben für die Kleinen

- Selbstständiges Anziehen: Bereits Kindergartenkindern kann man die „Aufgabe" übertragen, sich selbstständig anzuziehen. Bevor Sie Ihrem Kind anbieten, dass es nun jeden Morgen selbst dafür sorgen kann, angezogen zu sein, sollten Sie jedoch sicher sein, dass Ihr Kind bereits dazu fähig ist, sich selbst zu kleiden. Andernfalls warten Sie noch ein paar Monate, bis Ihr Kind soweit ist.
- Haushaltshilfe: Schulkinder kann man in den Haushalt mit einbeziehen. Dinge wie Geschirr spülen, den Müll wegräumen oder Laub harken können sie bereits meistern und sollten daher zu ihren festen Aufgaben gehören.
- Einkauf: Wenn Kinder kleine Besorgungen erledigen dürfen, fühlen sie sich schon richtig erwachsen und sind stolz. Bereits ab sechs Jahren kann

Ihr Kind schon mal Brötchen holen oder auf den Markt gehen. Ihr Kind wird dadurch nicht nur selbstbewusster, sondern lernt auch den Umgang mit Geld. Achten Sie aber trotzdem darauf, dass Sie ihm das Geld so passend wie möglich mitgeben, damit das Zählen anfangs für den Kleinen noch nicht zu kompliziert wird.

- „Bürotätigkeiten": Auch kleine Bürojobs bringen die Kleinen der Erwachsenenwelt ein Stück näher. Lassen Sie Ihre Kinder doch mal die Stifte ordnen oder Rechnungen nach dem Datum sortieren.

TIPP

Negativerlebnisse vermeiden

Die Übertragung kleiner Aufgaben hat den Sinn, Kinder selbstständiger und selbstbewusster zu machen. Sie sollen so früh wie möglich lernen, dass Arbeit und Verantwortung zum Leben gehört und dass sie fähig sind, immer neue Aufgaben zu meistern. Damit diese Übertragung von Aufgaben aber auch einen positiven Lerneffekt hat, ist es wichtig, dass die Kleinen Erfolgserlebnisse verspüren. Die Eltern sollten deshalb immer nur solche Aufgaben auswählen, von denen sie wissen, dass ihr Kind sie erfüllen kann. Besonders am Anfang sollten die Aufgaben nicht zu schwer sein. Macht das Kind nämlich die negative Erfahrung, dass es die ihm übertragene Aufgabe nicht meistern kann, wird es enttäuscht sein und sich künftig etwas weniger zutrauen. Auf diese Weise erreicht man also genau den gegenteiligen Effekt.

Hilfestellung von den Großen

Neben der Wahl der Aufgabe ist die elterliche Hilfe besonders bei neuen Aufgaben wichtig. Zeigen Sie Ihrem Kind zunächst ein paar Mal, wie die Aufgabe funktioniert, ehe Sie es alleine tätig werden lassen. Hilfe zu geben bedeutet, das Kind anzuleiten; es heißt aber nicht, dass Kind zu diktieren oder gar die Aufgabe selbst zu erledigen. Nehmen Sie sich ab einem gewissen Punkt bewusst zurück. Wurde die Aufgabe ausdrücklich und verständlich erklärt, sollte das Kind die Gelegenheit haben, selbst auszuprobieren, was die Erwachsenen ihm vorgemacht haben. Wenn das nicht auf Anhieb so reibungslos funktioniert wie bei den Großen, ist das nicht schlimm. Es ist schließlich das erste Mal für die Kleinen, und Übung macht bekanntlich den Meister. Ein häufiger Fehler, den Eltern jetzt machen, ist einzuschreiten.

Hilfe im Haushalt kann Spaß machen!

Es ist nicht nur gut für das Selbstbewusstsein des Kindes, wenn es Verantwortung im Haushalt übernehmen soll, sondern entlastet auch die Eltern. Damit alle Spaß an der Arbeit im Haushalt finden, helfen kleine Haushaltsspiele dabei, die Stimmung hochzuhalten.

Wäsche-Spiel: Mit diesem Spiel sortieren Kinder die Wäsche, haben dabei Spaß und verdienen sogar etwas Taschengeld. Hierfür verstecken Sie in einem Wäscheberg (z. B. in einer Socke oder Hosentasche) etwa ein bis drei Ein-Euro- oder 50-Cent-Münzen. Das Kind soll jedes Kleidungsstück danach durchsuchen und anschließen auf einen Sortierhaufen (Buntes, Helles, Kochwäsche) legen. Die Euro-Stücke darf es behalten. Je öfter das Kind das Wäsche-Spiel spielt, desto mehr Taschengeld verdient es sich.

Gärtner-Spiel: Kinder wollen gern Verantwortung übernehmen. Auch im Garten bietet es sich dabei an, den Kleinen einen eigenen Verantwortungsbereich zu übertragen. Beispielsweise können Sie dem Kind eine Hälfte des Beetes überlassen, für die es ganz allein die Verantwortung trägt. Erklären Sie ihm, welche Pflege die Pflanzen brauchen. Dann geht es los! Das Kind darf den ganzen Sommer über das Beet betreuen. Je weniger Pflanzen eingehen, desto besser schneidet es ab. Vereinbaren Sie auch einen kleinen Gewinn, wenn es sich gut um das Beet gekümmert hat.

Wenn die Gläser, die Ihr Kind auf einem Tablett abräumt, verdächtig wackeln, greifen Sie nicht sofort ein. Wenn der Müllbeutel, den Ihr Kind wegbringen soll, nicht gründlich verschlossen ist und droht auszukippen, beobachten Sie dieses Geschehen, ohne einzuschreiten. Solange keine Verletzungsgefahr für das Kind droht, sollte man es alleine seine Aufgabe erledigen lassen. Wer zu schnell eingreift und vermeintlich Hilfe leisten will, lässt das Kind spüren, dass man ihm nicht genug zutraut und nimmt ihm die Gelegenheit, eigene Erfahrungen im Umgang mit der Aufgabe zu machen. Natürlich bleibt nicht aus, dass mal ein Glas zu Bruch geht oder etwas Ähnliches geschieht und das Kind so auch mal ein Negativerlebnis hat. Solange das aber ein Versehen bleibt und nicht daran liegt, dass die Aufgabe schlichtweg zu schwer und nicht meisterbar für das Kind ist, kann das Kind an diesem Negativerlebnis lernen und wachsen. Und genau jetzt ist auch Ihre Hilfestellung wieder gefragt. Ist einmal etwas schief gegangen, helfen Sie dem Kind zu verstehen, wie es dazu kommen konnte (z. B. zu viele Gläser auf dem Tablett), und was nun zu tun ist (Scherben vorsichtig wegfegen und entsorgen). So lernt Ihr Kind, auch Niederlagen mit Fassung zu tragen und sich selbstständig einen Ausweg zu suchen.

Tipps zur Hilfestellung

Um einen möglichst hohen Lerneffekt aus der Aufgabenübertragung zu gewinnen, geben Sie Ihrem Kind Hilfestellung. Das richtige Maß hierfür lautet: So viel wie nötig, so wenig wie möglich. Hier sind ein paar hilfreiche Vorschläge:

- Pläne erstellen: Damit die Erledigung der Aufgaben immer richtig und pünktlich erfolgt, können Sie Pläne am Kühlschrank aufhängen, die dem Kind einen roten Faden bieten und sagen, wann und wie (in Stichpunkten) die Aufgabe zu erledigen ist.

- Erklären lassen: Sollten Sie das Gefühl haben, dass Ihr Kind Ihre Aufgabenstellung noch nicht sicher verstanden hat, vermeiden Sie es, das Gesagte einfach zu wiederholen, sondern versuchen Sie, Ihr Kind aktiv in die Aufgabenerklärung einzubeziehen. Am einfachsten geht das, indem man den Spieß umdreht und das Kind bittet, Ihnen die Aufgabe einmal zu erklären. Hier merken Sie rasch, woran es noch hapert.
- Mitmachen: Bieten Sie Ihrem Kind an, hin und wieder zu helfen. Wenn Sie ihm bei „seiner" Aufgabe helfen, fühlt es sich noch immer als der Verantwortliche, kann aber gleichzeitig über Ihre Schulter schauen und sehen, wie es richtig funktioniert.

Positive Verstärkung

„Lobe das Wetter erst am Abend und den Sohn erst, wenn er graue Haare hat." Diese Volksweisheit lag häufig dem Erziehungskonzept vergangener Generationen zugrunde. Der Großteil der Menschen denkt heute anders über den Umgang mit Lob gegenüber Kindern. Der Mangel an lobenden und ermutigenden Worten ist bei vielen sogar der Grund dafür, weshalb sie vergangene Erziehungsstrategien ablehnen und um

jeden Preis „alles anders machen" als ihre eigenen Eltern. Denn wer einmal über die Wirkung von Lob nachdenkt, wird schnell merken, welchen großen Effekt kleine Worte wie „Gut gemacht" oder „Ich bin stolz auch Dich" haben können. Die Befürchtung älterer Generationen, die bewusst sparsam mit Lob umgegangen sind, war, dass ein Lob bei Kindern bedingt, dass sie sich keine Mühe mehr geben. Um einen Anreiz zu schaffen, dass Kinder immer bemüht sind, brav zu sein, war man daher sparsam mit Lob. Pädagogische Studien belegen inzwischen jedoch, dass diese These nicht haltbar ist. Gelobt zu werden, ist schlichtweg motivierender, als nicht gelobt zu werden. Sie werden es selbst kennen: Für wen erledigen Sie Aufgaben lieber? Für den Chef, der immer grummelig ist und nie etwas Nettes sagt? Oder für den Arbeitgeber, der Ihre Arbeit mit Freude entgegennimmt und sich auch nicht scheut zu sagen, wie gut Sie sie erledigt haben? Die Frage dürfte einfach zu beantworten sein.

Loben: lieber einmal zu viel als einmal zu wenig

Bei Kindern ist Lob nicht nur zur Motivation wichtig, sondern auch als Orientierungshilfe, ob ihr Verhalten richtig war oder nicht. Lobende Worte sind bei Kindern daher noch viel wichtiger als bei Erwachsenen und sollten, so oft es geht, ausgesprochen werden. Natürlich nimmt sich jedes Elternteil genau dies vor und will sein Kind so oft wie möglich loben. Um dem Lob aber auch eine nachhaltige Lernwirkung zu geben, kommt es darauf an, dass es in den richtigen Situationen gelobt wird. Diese zu erkennen, ist manchmal gar nicht so einfach, da sich manche Dinge aus Erwachsenensicht als Selbstverständlichkeiten darstellen, die für Kinder aber schon eine echte Leistung sind. Einige Beispiele: Ihr Kind bleibt an einer Straße stehen und schaut nach links und rechts. Ihr Kind tritt sich die Schuhe ab, ehe es die Wohnung betritt. Ihr Kind sagt „Gesundheit", wenn Sie niesen. All diese Dinge sind für Erwachsene selbstverständlich; Kinder dagegen müssen solche Verhaltensweisen erst erlernen.

Beachten die Kleinen diese Regeln aus freien Stücken, verdienen sie dafür auf jeden Fall ein großes Lob. Seien Sie also aufmerksam und beachten Sie auch vermeintliche Kleinigkeiten oder Selbstverständlichkeiten. Für Kinder sind diese Dinge nämlich nicht immer geläufig; lobende Worte in der richtigen Situation verstärken und festigen den Lerneffekt. Und: Sie tun schlichtweg gut. Eltern und Kindern!

Nutzen konsequenter Erziehung

Neinsagen ist erlaubt – und wichtig

Keinem Elternteil dieser Welt fällt es leicht, „Nein" zu sagen oder die aufgestellten Regeln immer konsequent durchzusetzen und hierfür auch hin und wieder streng zu seinem Kind zu sein. Besonders wenn die großen, runden Kinderaugen so traurig gucken, fällt es Eltern einfach schwer, immer standhaft zu bleiben. Das ist verständlich und geht wahrscheinlich allen Eltern so. Dennoch sollte man sich von den süßen Kinderaugen nicht zu oft um den Finger wickeln lassen. Die konsequente Einhaltung von Regeln geschieht – wie bereits mehrfach deutlich wurde – schließlich nicht allein aus Prinzip oder zur Zementierung der elterlichen Macht, sondern hat einen Sinn, der auch immer im Wohl des Kindes liegt. Dieses Kapitel macht nochmals detailliert deutlich, warum die konsequente Einhaltung von Regeln wichtig ist und worin genau die Vorteile für unsere Kleinen – mit ihren großen, runden und manchmal herz- (und regel-)erweichenden Augen – liegen!

TIPP

Regeln erfordern Mut!

Niemand hat gesagt, dass es einfach ist, Regeln durchzusetzen, und seinem Kind Paroli zu bieten. Wer aber regelmäßig nachgibt und sich um des „lieben Friedens willen" erweichen lässt, erreicht genau das Gegenteil von dem, was er sich wünscht. Ein harmonisches Miteinander verlangt nun mal nach Regeln. Trauen Sie sich, konsequent zu sein. Auf Dauer werden Sie und Ihr Kind dafür belohnt!

Nutzen konsequenter Erziehung im Kindesalter

Regeln bieten Schutz

Es gibt die verschiedensten Arten von Regeln, die Kindern nahegelegt werden. Manche dienen dem geordneten Zusammenleben („Grüß immer nett die Nachbarn"), manche sollen den Haushalt erleichtern („Räum immer deinen Teller weg") und manche dienen der Abwendung von Risiken („Fass keinen fremden Hund an, ohne vorher den Besitzer zu fragen", „Geh nicht ohne zu schauen über die Straße", „Es werden keine Süßigkeiten vor den Mahlzeiten gegessen"). Regeln, die der Gefahrenabwehr oder dem körperlichen Wohl des Kindes dienen, werden aus elterlicher Sicht meist als Selbstverständlichkeiten angesehen. Hier fällt es auch vielen Eltern nicht schwer, konsequent zu sein, und die Regeln auch mal mit einem harten „Nein" durchzusetzen. Und das ist auch gut so. Denn je standhafter die Eltern bei diesen augenscheinlich wichtigen Regeln sind, desto leichter akzeptieren die Kleinen die elterlichen Vorgaben auch bei Regeln, die für sie vielleicht nicht ganz so einfach verständlich sind. Das nennt man „natürliche Autorität".

INFO

Sympathieverlust durch Konsequenz?
Der Grund, warum viele Eltern oft nicht klar durchsetzen, was sie vorgeben und aus „Nein" schnell ein „Jein" werden kann, ist, dass sie fürchten, die Sympathie ihrer Kinder zu verlieren. Natürlich kommt es vor, dass Kinder kurzzeitig wütend und sauer auf die Regeln ihrer Eltern reagieren – ein dauerhafter Verlust des Verbundenheitsgefühls zwischen Eltern und Kindern tritt aber eher dann auf, wenn Kinder keine Grenzen und Regeln erfahren. Dann bekommen sie nämlich auch keine Orientierungshilfe und glauben, sich auf ihre Eltern nicht verlassen zu können. Oftmals werden Kinder, die keine Regeln erfahren, zu regelrechten, kleinen „Tyrannen", die ihre Eltern immer stärker provozieren. Versuchen Sie also die kurzen Wutanfälle Ihrer Kinder wegzustecken – ein dauerhafter Sympathieverlust ist auf keinen Fall die Folge konsequenter Erziehung – im Gegenteil.

Regeln sind Orientierungshilfen und schaffen Selbstvertrauen

Die Welt ist groß und fremd, v. a. für Kinder. Um sich in dieser neuen Welt zurechtzufinden, sind Kinder auf die Großen angewiesen, die ihnen den Weg (so weit es möglich ist) zeigen. Das beginnt bereits im Babyalter. Vom elterlichen Schoß aus beäugen die Winzlinge zunächst ihre Umwelt.
Später beginnen sie, von hier aus die Welt zu ertasten, und noch etwas später bewegen sie sich krabbelnd von den Eltern weg, um zu entdecken, was um sie herum alles geschieht. Immer im Hintergrund sind die Eltern, die das Kleine beobachten, es ermutigen, wenn es einmal zögert und es ebenso beschützen, wenn eine Gefahr droht. Regeln und Grenzen, die für das Baby gelten, werden von den Eltern jetzt meist noch körperlich durchgesetzt. (Mütter heben ihr Kind auf den Arm, wenn es zu weit weg krabbelt oder ein spitzes Messer greifen will). Später besteht die schützende Verbindung zwischen Eltern und Kind aus verbalen Re-

geln und Grenzen, die das Kind aber genauso leiten sollen, wie im Babyalter, um es so vor Fehltritten und Missgeschicken zu bewahren. Ohne diese Regeln könnten sich Kinder nicht in der Welt zurechtfinden. Sie müssten alles durch eigene Erfahrung erlernen und hierbei jede Menge Rückschläge in Kauf nehmen, die ihre zarten Kinderseelen überfordern würden.
Beispiel: Eltern ermahnen ihre Kinder, den Ball nicht in den Garten der Nachbarn zu werfen, da diese sehr ungehalten darauf reagieren und die Kinder ausschimpfen werden. Ohne diese Regel (oder wenn diese Regel nicht eingehalten wird) müssten die Kinder am eigenen Leib erfahren, was es heißt, wenn

sich evtl. künftig gar nicht mehr trauen im Garten mit dem Ball zu spielen. Sie hätten eine Erfahrung gemacht, der sie noch nicht gewachsen wären. Die Regeln der Eltern (und deren konsequente Durchsetzung) schützen sie davor und geben ihnen eine Hilfestellung, damit sie sich in der Welt zurechtfinden.

Zu enge Grenzen schaden ebenso wie zu weite

Eine besondere Beobachtung in der Erziehung von Kindern ist, dass zu eng gesetzte Grenzen und zu strenge Regeln zu einer ähnlichen Konsequenz führen können, wie zu wenige oder zu inkonsequent eingehaltene Regeln. Kinder, denen kaum Regeln vorgegeben werden, müssen ihre Erfahrungen selbst machen und stoßen dabei manchmal auf Erfahrungen, denen sie nicht gewachsen sind, die sie überfordern und die ihnen Angst machen. In der Folge sind die Kleinen oft sehr verunsichert, werden schüchtern und auch ihre kindliche Neugier verkümmert. Beispiel: Ein Kind wird von den Eltern nicht darauf hingewiesen, dass man keine fremden Hunde streicheln soll, ohne vorher den Besitzer um Erlaubnis zu fragen. Das Kind streichelt daraufhin einen Hund und wird im schlimmsten Fall gebissen. Leicht passiert es, dass das Kind so verschüchtert ist, dass es sich künftig gar nicht mehr traut, einen Hund zu streicheln. Ebenso kann es aber einem Kind ergehen, dem zu enge Grenzen und zu viele Regeln auferlegt werden. Ein Kind, das für jeden Schritt eine Anweisung erfährt (Beispiel: „Pass auf beim Treppensteigen. Fass das Geländer an. Am besten mit beiden Händen und achte dabei noch auf die Treppen.") vermutet in jeder seiner Handlungen eine Gefahr und wird ebenso verunsichert. Aus der Angst heraus, ohne seine Eltern keine Gefahren erkennen und Situationen nicht selbstständig einschätzen zu

TIPP

Regeln, die die soziale Kompetenz des Kindes fördern

- Höflichkeit: Höflichkeitsfloskeln sind „soziales Schmieröl". Durch sie gestalten sich menschliche Beziehungen freundlicher und damit entspannter. Sätze und Wörter wie „Bitte", „Danke" und „Entschuldigung" sollten daher zum kindlichen Sprachgebrauch gehören, ebenso wie das Grüßen der Nachbarn und Bekannter.
- Schimpfwörter: Es sollte außer Frage stehen, dass Schimpfwörter tabu sind. Erklären Sie Ihrem Kind, dass solche Worte andere Menschen verletzen und traurig machen können. Wichtig: Sie können von Ihrem Kind nicht verlangen, dass es tut, was Sie selbst nicht tun. Daher vermeiden auch Sie den Gebrauch von harten Worten oder Flüchen.
- Emotionen erkennen: Kinder sollten die Fähigkeit entwickeln, Emotionen anderer zu erkennen und richtig mit ihnen umzugehen. Eine Regel, die dies schult, könnte beispielsweise sein, dass Sie Ihr Kind auffordern, auf die Spielkameraden zuzugehen, wenn diese einmal weinen oder zornig sind. Kinder lernen so, die Verantwortung für emotionale Schieflagen zu übernehmen.
- Entschuldigungen lernen: Die Worte „Es tut mir leid" sind von enormer Bedeutung im Zusammensein von Menschen; sie sind aber nicht immer einfach über die Lippen zu bringen. Bringen Sie Ihrem Kind daher früh bei, wie wichtig eine Entschuldigung ist und wie man diese formulieren kann.

können, wird sein Forschungs- und Entdeckungsdrang ebenso gehemmt, wie bei dem Kind, dass infolge zu weiter Spielräume schlechte Erfahrungen gemacht hat. Wie immer liegt der richtige Weg daher in der Mitte.

Regeln schaffen soziale Kompetenz

Es liegt in der Natur des Menschen, sein Handeln danach zu steuern, dass immer ein eigener Nutzen daraus entsteht. Kurz gesagt: In jedem Menschen steckt ein kleiner Egoist. Und das ist auch gut so. Denn nur auf diese Weise konnten die früheren Generationen ihr Überleben und damit den Erhalt der Menschheit sichern. Natürlich haben sich die Zeiten heute geändert. In der heutigen Gesellschaft, in der viele Menschen auf engem Raum miteinander leben, kann Egoismus zum Anecken führen und wird verurteilt. Vielmehr sind heute Teamfähigkeit, Kompromissbereitschaft und die Fähigkeit sich zurückzunehmen gefragt. All diese Werte werden aber niemandem in die Wiege gelegt, sondern müssen erst erlernt werden. Regeln können daher auch dazu dienen, dass Kinder soziales Feingespür entwickeln und so mit ihrer Umwelt besser zurechtkommen. Ohne Regeln entwickeln Kinder dagegen zu viel vermeintliche Macht, die sie hindert, die Bedürfnisse anderer zu hinterfragen und wahrzunehmen. Probleme in der Schule und im Kindergarten sind so vorprogrammiert.

Regeln schulen den Umgang mit Pflichten

Zugegeben: Regeln können manchmal lästig sein. Und zwar nicht nur für die Eltern, die sich in Konsequenz üben und standhaft bleiben müssen, sondern natürlich auch für die Kleinen, die sich an die elterlichen Vorgaben halten müssen. Aber auch hier verbirgt sich ein Lerneffekt. Nämlich der, dass es nun mal unangenehme Dinge im Leben gibt, um die kein Weg herum führt. Je eher Kinder dies erfahren, desto leichter fällt es ihnen, ihre Pflichten zu erfüllen. Eltern, die ihre Kinder lieber schonen wollen und den Kleinen viel Arbeit abnehmen und ihnen kaum Regeln auferlegen, machen den Kindern das Leben daher nur scheinbar leichter. Früher oder später wird das Kind auf Dinge treffen, die es allein zu bewerkstelligen hat. Ist es darin nicht geübt, drohen Probleme.

Regeln helfen bei der Persönlichkeitsentwicklung Ihres Kindes

Wie bereits erwähnt, sind Regeln, die nur um ihrer selbst willen oder zur Unterstreichung der elterlichen Autorität gelten sollen, kontraproduktiv. Kinder erkennen schnell, dass hinter solchen Regeln kein gewichtiger Sinn steckt und verlieren das Vertrauen in elterliche Vorgaben und die Lust, sie einzuhalten. Verständlicherweise! Niemand hat Lust, sich an Dinge zu halten, die nur „aus Prinzip“ gelten. Aus diesem Grund wurde bereits erwähnt, dass Eltern auch offen für Kritik sein sollen. Kinder müssen das Recht bekommen, Regeln offen zu hinterfragen und ggf. auch Gegenvorschläge zu tätigen. Auf diese Weise machen selbst „haltlose“ Regeln Sinn. Sie fordern das Kind heraus, seine Bedenken laut auszusprechen und den Mut aufzubringen, sich gegen Ungerechtigkeiten zu wehren. Natürlich sollten keine unsinnigen Regeln nur aus dem Grund aufgestellt werden, damit das Kind sich gegen sie auflehnt; kommt es aber zum kindlichen Widerstand, seien Sie offen für Kritik.

Regeln geben Eltern genügend Freiraum

Die meisten Regeln dienen dem Wohl, dem Schutz oder der Gesundheit des Kindes. Die Eltern sollen aber natürlich auch nicht zu kurz kommen. Nicht zuletzt, weil ihr eigenes Wohl das des Kindes bedingt. Kurz gesagt: Es muss auch Regeln geben, die den Interessen der Eltern dienen. Denn nur wenn auch diese auf ihre Kosten kommen, sind sie ausgeglichen und können genug Geduld und Energie für Ihre Sprösslinge aufbringen.

Bringen Sie Ihren Kindern daher auch bei, dass Sie nicht zu jeder Zeit und für alles zur Verfügung stehen. Feste Regeln, wie z. B. „Zwischen 17 und 18 Uhr darf sich Mama allein um ihre eigenen Sachen kümmern" erleichtern das Zusammenleben und die Harmonie zwischen Eltern und Kinder.

Frühe Erziehung macht sich auch im Teenager- und Erwachsenenalter bezahlt

Regeln, die im frühen Kindesalter erlernt werden, wirken bis zum Teenager- und sogar Erwachsenenalter nach. Hierbei geht es dann nicht mehr um die spezielle Regel als solches, sondern um den generellen Umgang mit Regeln. Wer früh gelernt hat, sich an Regeln zu halten, wird weniger Probleme mit der Autorität anderer haben.
Natürlich ist die pubertäre Rebellionsphase eines Teenagers nicht mit der Gegenwehr eines Kleinkindes zu vergleichen; dennoch geht ein Jugendlicher gelassener mit Aufgaben und Grenzen um, wenn er sie von Kindesbeinen an kennt. Und auch im Erwachsenenalter sollte man den Umgang mit Vorgaben gewohnt sein. Schließlich hat kein Chef der Welt Lust auf einen ständigen Machtkampf mit seinen Mitarbeitern.

Ebenso kommt es Menschen, die früh und konsequent mit Regeln konfrontiert wurden, zugute, dass sie wissen, dass Regeln nicht bedingungslos eingehalten werden müssen, sondern durchaus nach ihrer Sinnhaftigkeit hinterfragt werden dürfen. Wer schon früh geübt hat, etwaige Ungerechtigkeiten anzusprechen, und den Mut aufbringt, diese nicht bedingungslos hinzunehmen, der wird auch im Erwachsenenalter seine Interessen behaupten und durchsetzen können.

Altersgerechte Erziehung

Verschiedene Entwicklungsstufen

In den vorangegangenen Kapiteln wurde deutlich, dass Regeln die Grundbausteine einer gelingenden Erziehung und Entwicklung des Kindes sind. Sie geben den Kleinen einen Rahmen vor, an dem sie sich orientieren und stützen können. Regeln helfen Kindern, sich zurechtzufinden, und schaffen Vertrauen und Verlässlichkeit in der Beziehung zwischen Eltern und Kindern. So sollte es jedenfalls sein.

Es kann aber auch genau das Gegenteil geschehen: Regeln, die falsch durchgesetzt oder zu früh angewandt werden, können Kinder überfordern, sie verunsichern und so in ihrer Entwicklung hemmen. Regeln und Grenzen sind daher nur dann sinnvoll und der Entwicklung dienlich, wenn sie im richtigen Maß eingesetzt werden. Dazu zählt nicht nur, dass man sie den Kleinen liebevoll, verständlich und geduldig nahelegt (s. Kapitel 2), sondern auch, dass man die Regeln an die Entwicklungsstufen des Kindes anpasst.

Von einem sechsjährigen Schulkind kann man einfach mehr erwarten als von einem vierjährigen Kleinkind. Aber was genau in welchem Alter gefordert oder vorgegeben werden kann, ist vielen Eltern zunächst unklar. In diesem Kapitel soll daher ein Überblick über die verschiedenen Entwicklungsstufen eines Kindes gegeben werden und einhergehend passende Regelwerke vorgeschlagen werden.

Was bedeutet eigentlich Entwicklung?

Im Zusammenhang mit Kindern und deren Erziehung dreht es sich ständig um das Wort „Entwicklung". Aber was steckt eigentlich dahinter? Was ist gemeint, wenn von Entwicklung gesprochen wird? Und kommt „Entwicklung" wirklich nur bei Kindern vor? Die Antwort lautet ganz klar: nein!

Der Mensch entwickelt sich ein Leben lang. Entwicklung bedeutet Veränderung und die Art, wie sich der Mensch an diese anpasst, sie nutzt und aus ihr lernt. Veränderungen, an die wir uns neu anpassen müssen, erfahren wir das ganze Leben hindurch. Im Kindesalter geschehen sie jedoch geballt. Für Kinder ist schließlich das gesamte Leben, ihr Umfeld und die Welt komplett neu. Sie müssen sich erst zurechtfinden.

Das Kind setzt sich hierbei völlig vorbehaltlos und zunächst wertungsfrei mit seiner Umwelt auseinander. Die Erfahrungen, die es dabei macht und die Informationen, die sich für das Kleine daraus erschließen, werden über die Sinne (Hören, Sehen, Riechen, Schmecken, Tasten) aufgenommen und zum Gehirn geleitet. Die vorhandenen Nervenzellen verarbeiten diese Informationen und stellen Verknüpfungen her, die im Laufe der Erfahrungen und Jahre immer komplexer werden und zu einem Ganzen verschmelzen. Entwicklung bedeutet für Kinder also v. a., dass eine Vielzahl von Prozessen im Gehirn stattfinden.

Altersstufen dienen als Leitlinien

Welche Veränderungen im Gehirn stattfinden, hängt dabei in erster Linie von den Erfahrungen ab, die das Kind mit seiner Umwelt macht. Wie diese Informationen und Erfahrungen jedoch verarbeitet werden, richtet sich auch nach der Entwicklungsstufe des Gehirns und damit nach dem Alter des Kindes. Natürlich gibt es dabei verallgemeinerungsfähige Stufen, die Kinder während ihrer Entwicklung durchlaufen. Beispielsweise beginnen Kinder ab einem Jahr zu laufen und zu sprechen. Es wäre jedoch falsch zu glauben, dass es im Kinderhirn eine Art vorgegebenen Zeitplan gibt, der dafür sorgt, dass ab einem gewissen Alter bestimmte Fähigkeiten voll funktionierend entwickelt werden. Menschen sind nun mal verschieden. Und so dienen auch Altersvorgaben bei Kindern nur als Richtlinie.

TIPP

Unterstützen Sie die kindliche Entwicklung

Die Entwicklung eines Kindes verläuft zwar individuell; Sie können das Lernen Ihres Kleinen jedoch unterstützen und gezielt fördern. Folgende Möglichkeiten bieten sich an:

- Abwechslung: Sorgen Sie dafür, dass Ihr Kind ständig neue Erfahrungen machen kann. Hierfür bieten sich bereits einfache Alltagssituationen an.
  Zeigen Sie ihm verschiedene Spielzeuge oder einfach nur Gegenstände in der Wohnung. Beziehen Sie es auch in Ihren Alltag mit ein. (Beispielsweise können Sie das Kind für eine Zeit lang auf Ihren Schoß nehmen, wenn Sie lesen oder Kartoffeln schälen.)
- Mut machen: Verstärken Sie den Willen zum Lernen, indem Sie Ihr Kind immer wieder ermutigen und bestätigen, wenn es etwas Neues entdeckt.
- Neutral bleiben: Kinder kommen völlig vorurteilsfrei auf die Welt. Sie haben beispielsweise keine Angst vor Spinnen oder Käfern. Solche Reaktionen werden erst im Laufe der Jahre „erlernt". Da sich Kinder auch in emotionalen Reaktionsmustern an ihren Eltern orientieren, sollten diese versuchen, ihr Kind so wenig es geht zu beeinflussen. Lassen Sie Ihr Kind daher ruhig die Spinne untersuchen, wenn es das möchte. Geben Sie Ihrem Kind so die Chance, seine eigenen Erfahrungen zu machen, anstatt Ihre zu übernehmen.

Unterschiede zwischen den Entwicklungsstufen verschiedener Kinder sind völlig normal. Und so ist es auch normal, dass nicht jedes Kind desselben Alters mit den gleichen Regeln und Grenzen betraut werden kann.
In diesem Kapitel werden Richtlinien und Denkanstöße für mögliche Regeln gegeben; Sie sollten sich jedoch nicht starr von diesen Vorgaben leiten lassen, sondern vielmehr versuchen, auf die kleinen Zeichen und Entwicklungen Ihres Kindes zu achten.
Anhand dieser merken Sie schnell, welche Regeln und Grenzen Sie Ihrem Kind bereits zumuten können.

Das Babyalter

Eltern wissen: Mit dem Zeitpunkt der Geburt des Babys wird sich ihr Leben verändern. Damit ist nicht nur gemeint, dass sie nun einen kleinen Sprössling haben, der jede Menge Sonnenschein in ihr Leben bringen wird, sondern auch die Tatsache, dass ihr Alltag zunächst komplett auf dem Kopf steht. Denn Babys sind ein echter „Full-Time-Job". Und das ist wirklich so. Denn Babys brauchen die ungeteilte Aufmerksamkeit Ihrer Eltern, um sich optimal entwickeln zu können.

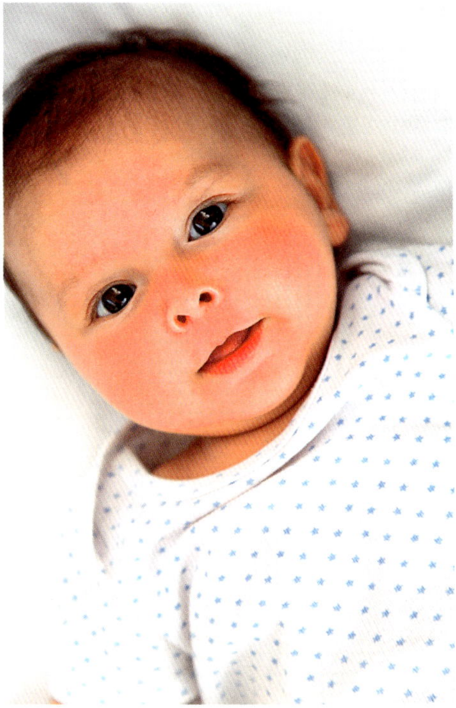

Wer richtet sich nach wem?

Ein Baby hält seine Eltern zunächst also ziemlich auf Trab. Folglich scheint auch der elterliche Einfluss auf den ersten Blick nur sehr gering zu sein. Denn die Eltern sollten sich zu jeder Zeit nach dem Kind richten – nicht umgekehrt. Füttern sie Ihr Kleines, wenn es Hunger hat, seien Sie für Ihr Baby da, wenn es schreit, legen Sie es schlafen, wenn es müde ist. Ein Baby muss spüren, dass seine Eltern es bedingungslos lieben. Hier wird die Basis für das Vertrauensverhältnis zwischen Eltern und Kind gelegt. Erzieherische Maßnahmen wie etwa der vielfach ausgesprochene Rat, das Kleine einfach schreien zu lassen, sind in den ersten Lebensmonaten noch nicht angebracht. Auch wenn es die Eltern stresst: Jeder Babyschrei ist ein Ruf nach ihrer Hilfe. Mit der Zeit wird das Neugeborene merken, dass es jederzeit zuverlässig Zuwendung bekommt, und die Schreiattacken werden abnehmen.

Der elterliche Einfluss

Obwohl sich alles in den ersten Lebensmonaten um das Kleine drehen sollte, heißt dies aber nicht, dass Sie als Eltern-

teil gar keinen Einfluss auf Ihren Nachwuchs haben. Im Gegenteil: Babys haben nur ihre Eltern als Orientierungs- und Bezugspunkte. An Ihnen schauen Sie sich Verhaltensweisen ab, lernen Gesten und die Welt kennen. Besonders anschaulich wird dies durch einen Versuch, der an der Universität im niederländischen Nijmegen stattfand. Hier wurde Säuglingen eine Videoaufnahme vorgespielt, auf der ein Mann zu sehen war, der nach einer Kaffeetasse greift und diese zum Mund führt. Mithilfe eines Eyetrackers, der die Blickrichtung des Kindes registriert, konnte man feststellen, dass schon Babys von einem halben Jahr ihre Blicke auf den Mund der gezeigten Person lenken, lange bevor die Tasse dort ankommt. Babys wissen also bereits, dass eine Tasse zum Mund geführt wird. Sie lernen Zusammenhänge, also gewissermaßen auch eine Art „Regel", von den Großen.
Wer frühestmöglich erzieherischen Einfluss auf sein Kind nehmen will, sollte diesen Aspekt nicht vergessen. Natürlich können Sie Ihrem Baby noch keine Regeln beibringen – Sie können aber insoweit Einfluss auf seinen Lernprozess nehmen, als das Sie sich in seiner Gegenwart stets vorbildlich verhalten. Ihr Kind schaut sich schließlich die meisten Dinge von Ihnen ab.

Das Kleinkindalter

Ab dem zweiten Lebensjahr geht die Entwicklung des Kindes rasend. Es lernt seine Umwelt kennen und versucht, sich hierin zurechtzufinden. Mit all den Fortschritten, die es macht, ziehen aber auch neue Herausforderungen für die Eltern gleich. Beispiel: Kinder lernen das Laufen – und gleichzeitig auch das Weglaufen. Sie lernen zu sprechen – und damit auch „Nein" zu sagen. Sie lernen andere Menschen zu umarmen – aber auch, sie zu treten. Die Handlungen und Entwicklungen des Kindes werden jetzt immer komplexer. Entsprechend müssen auch die elterlichen Reaktionen und Regeln umfassender werden.

Natürliche Konsequenzen

Um den wachsenden Entwicklungsfortschritten einerseits und den damit steigenden Anforderungen an die vorgegebenen Regeln anderseits gerecht zu werden, ohne das Kind dabei zu überfordern, ist es zunächst notwendig, dass Eltern sich klarmachen, wie das Kind in diesem Alter lernt, was es erlebt und wie sich die Welt für das Kind gestaltet.

Ähnlich wie im Babyalter nimmt das Kleinkind die Welt in „Wenn-dann-Strukturen" wahr, die es über eine meist körperliche Erfahrung kennenlernt. Kleinkinder begreifen die Welt im wahrsten Sinne des Wortes und lernen so die natürlichen Konsequenzen ihres Handelns kennen.

Sie lernen, dass Dinge auf den Boden fallen, wenn man sie aus der Hand gleiten lässt. Sie lernen, dass es weh tut, wenn man auf die Herdplatte fasst. Sie lernen, dass ein Turm aus Bauklötzen kaputt ist, wenn man ihn umwirft. All diese Erfahrungen beruhen auf einem einfachen „Wenn-dann-Prinzip“, es handelt sich um natürliche Gesetzmäßigkeiten, die die Kinder erlernen und verstehen. Sie entdecken, dass die ganze Welt voll solcher natürlicher Regeln ist, an die sie sich unweigerlich halten müssen, da sie unumstößlich sind.

INFO

Trotzphase

Der Wunsch nach Selbstständigkeit regt sich i. d. R. zu Beginn des zweiten Lebensjahres. Nun möchte das Kind Dinge zunehmend selbst entscheiden und tun. Aus diesem Grund fällt die sogenannte Trotzphase in diese Zeit. Wenn das Kind seinen Willen nicht bekommt, erleben Eltern vermehrt Trotzreaktionen Ihres Sprösslings. Das ist in dieser Zeit völlig normal und gehört zum Prozess der Persönlichkeitsentwicklung eines jeden Kindes.

Moralische Regeln

Im Gegensatz zu den natürlichen Gesetzmäßigkeiten, also Wenn-dann-Regeln, stehen moralische Regeln. Dabei handelt es sich um solche, die meist die Eltern aufstellen, die aber nichts mit einer prinzipiellen Gesetzmäßigkeit zu tun haben, sondern die z. B. das Zusammenleben regeln. Solche Regeln können sein, dass man andere Kinder nicht schlagen oder treten darf. Oder dass man Hunde nicht an den Ohren ziehen darf, da es ihnen weh tut und sie beißen könnten. Hierzu gehören auch solche Regeln wie etwa, dass Kinder nicht pausenlos schreien sollen, um die Aufmerksamkeit ihrer Mutter zu bekommen. Anders als natürliche Regeln, lernen Kindern solche moralischen Regeln nicht von allein. Es fällt ihnen aber auch schwerer, diese moralischen Regeln zu begreifen, da sie diese nicht am eigenen Leibe erfahren, sondern durch das gesprochene Wort ihrer Eltern erfassen sollen. Ein Beispiel macht diesen Prozess deutlich: Die natürliche Konsequenz des Anfassens einer heißen Herdplatte ist unmissverständlich und wird am eignen Leib erlebt. Das Kind verbrennt sich. Das ist einfach zu verstehen. In Zukunft wird es sich vor dem Anfassen der Platte hüten. Warum man aber mit Messer und Gabel isst und nicht einfach das Essen mit den Fingern greift, liegt aus Kindersicht dagegen nicht auf der Hand.

Elterliche Erziehung muss verständlich sein

Aus Kindersicht sind natürliche Konsequenzen also leichter zu „begreifen" als moralische Vorgaben der Eltern. Aus diesem Wissen ergibt sich für die Eltern, wie sie ihre Regeln zu formulieren und durchzusetzen haben, damit die Kleinen sie verstehen. Im Kleinkindalter sollten Regeln daher immer so „natürlich" und logisch wie möglich aufgebaut sein, damit Kinder sie begreifen.

Gestalten Sie Regeln, die nach einem einfachen „Wenn-dann-Prinzip" funktionieren. Hierfür sollten sie möglichst neutral auf das Verhalten Ihres Kindes reagieren. Statt zu meckern und Ihren emotionalen Aufruhr über das kindliche Verhalten zu zeigen, gestalten Sie Ihr Verhalten als „natürliche Konsequenz" und erklären Sie stets die Zusammenhänge. Beispiel: Ihr Kind nimmt einem anderen Kind das Spielzeugauto weg. Ihre Reaktion darauf sollte ruhig sein. Nehmen Sie ihm das Auto wieder weg und geben sie es dem anderen Kind zurück. Erklären Sie Ihrem Kind, dass dieses Spielzeug dem anderen gehört. Versuchen Sie, bei Ihrem Kind Verständnis für das Gegenüber zu schaffen und fragen Sie z. B.: „Wie würdest du dich fühlen, wenn Sven dir dein Auto einfach wegnehmen würde?" Ihr Kind wird begreifen, dass es Grenzen gibt und dass die Besitztümer anderer Menschen dazu gehören.

Wenn Sie Ihrem Kind die Regeln, die Sie aufstellen, erläutern, wird es diese verstehen. Nach und nach wird Ihr Kind die Konsequenzen verstehen und einschätzen können, z. B.: Wenn ich kreische und mich trotzig auf den Boden werfe, kann sich Mama nicht mit mir unterhalten.

Darum lässt Mama mich erst einmal liegen. Erst wenn ich mich beruhigt habe, wird sie sich wieder um mich kümmern. Oder: Wenn ich andere Kinder ärgere oder sie trete, tut ihnen das weh und sie sind traurig. Ich sollte mich darum bei ihnen entschuldigen, damit es ihnen wieder besser geht.

Solchen Regeln liegt eine „natürliche" Wenn-dann-Folge zugrunde, die Ihr Kind schnell begreifen wird und nach der es sein Handeln ausrichten wird. Vermeiden Sie zusätzliche Strafen oder Meckereien, falls Ihr Kind einmal gegen eine solche „Regel" verstößt. Es lernt die Einhaltung der Regel bereits anhand der ohnehin folgenden „natürlichen" Konsequenzen.

Lernen durch Imitieren

Bereits Kleinkinder sind zu Beobachtungen und Schlussfolgerungen fähig. Diese Eigenschaften nutzen sie auch für ihre Entwicklung. Sie lernen dabei nicht nur, indem sie eine bestimmte Handlung erfassen und ihr Verhalten danach ausrichten, sondern indem sie sie imitieren. Eltern erleben ständig, dass Kinder zu lachen beginnen, sobald die Erwachsenen sie mit einem Lächeln empfangen. Streckt man einem Kind die Zunge heraus, wird es oft dasselbe tun. Kinder machen nach, was die Großen ihnen vor-

machen. Grund hierfür sind kleine Zellen im Gehirn, die sogenannten Spiegelneuronen. Diese fordern uns auf, unserem Gegenüber gleichzutun und beeinflussen unser Verhalten sogar noch im Erwachsenenalter. Sie ermöglichen uns, Mitgefühl zu zeigen oder am eigenen Leib den Schmerz zu spüren, den jemand erfährt, der sich in den Finger schneidet und den wir dabei sehen. Auch ist oft zu beobachten, dass wir die gleiche Körperhaltung einnehmen, wie der Mensch mit dem wir uns gerade unterhalten.

Vorbild sein

Diese veranlagte Fähigkeit zur Imitation ermöglicht Kindern zu lernen. Auf diese Art lernen sie sprechen, laufen und auch das Begreifen von Dingen. Hierfür nehmen sie an, was die Eltern Ihnen vorleben, verankern es in ihrem Gehirn und beginnen früher oder später damit, diese Dinge selbst machen zu wollen. Der Erfassungs- und Verankerungsprozess findet dabei zu einem Großteil bereits im Babyalter statt.

Konkret heißt das: Alles, was Sie Ihrem Kind vorleben, wird es erkennen und in sein Gehirn aufnehmen und eines Tages zu imitieren versuchen. Es hinterfragt dabei nichts. Es kann schließlich noch nicht zwischen richtig und falsch unterscheiden, sondern vertraut und folgt seinen Eltern. Achten Sie daher in der Gegenwart Ihres Kindes darauf, dass Sie sich so verhalten, wie Sie wünschen, dass Ihr Kind es ebenfalls tut. Seien Sie ein Vorbild – von Geburt an. Sprechen Sie daher immer korrekt und befolgen Sie Benimmregeln. Ihr Kind wird es sich merken.

INFO

Lob bleibt hängen

Die Fähigkeit zur Imitation führt dazu, dass Kinder das Verhalten und auch die Aussagen ihrer Eltern verinnerlichen und so für sich annehmen und umsetzen. Dies geschieht zunächst völlig wertungsfrei. Kinder nehmen v. a. das Gesagte der Eltern für bare Münze. Bekommen die Kleinen also ständig Sätze, wie „Das schaffst du nie“ oder „Du kannst das nicht“ zu hören, nehmen sie es an und beginnen, es zu glauben. Andersherum funktioniert es genauso: Auch Lob und Ermutigungen werden von Kindern auf- und angenommen. Selbst die Kleinsten verstehen schon die Bestätigung und das Lob ihrer Eltern und verinnerlichen es. Lobende Worte kann man daher nie genug aussprechen.

Spielend zur Nachtruhe finden

Ins Bett zu gehen, ist für die meisten Kinder langweilig und stößt daher auf Widerstand. Bauen Sie deshalb ins abendliche Ritual ein paar sanfte Spiele ein, die die Entspannung Ihres Kindes fördern und es so leichter und schneller einschlafen lassen.

Das Hupen-Spiel: Hierbei legt sich das Kind auf den Rücken oder Bauch und denkt sich eine Körperstelle aus, die eine Hupe sein soll. Die Eltern (und ggf. die Geschwister) müssen nun so lange sanft mit den Fingern auf verschiedene Körperstellen des Kindes drücken, bis sie die Hupe gefunden haben – denn die ertönt dann mit einem lauten Tröten des Kindes. Tipp: Üben Sie mit den Fingern einen leichten Druck aus, sodass es sich wie eine Massage anfühlt. Auf diese Weise entspannen die Muskeln des Kindes und es findet leichter zur Ruhe.

Buchstaben malen: Hierbei liegt das Kind auf dem Rücken oder Bauch. Sie „malen" nun mit Ihrem Finger einen Buchstaben, ein Wort oder ein Symbol auf seinen Bauch oder Rücken – das Kind soll dabei raten, was Sie gezeichnet haben. Auch hier können Ihre Finger den Bauch und Rücken leicht massieren, sodass sich die Entspannung und Schläfrigkeit von ganz allein einstellt.

Tipp: Achten Sie darauf, dass Sie bei solchen Berührungsspielen sanft vorgehen und das Kind nicht kitzeln. Die Streicheleinheiten sollen es schließlich beruhigen und nicht noch munterer machen. Eine gesenkte, ruhige Stimme und leise Musik im Hintergrund helfen oft auch, das Sandmännchen herbeizulocken.

Kindergarten- und Schulalter

Mit jedem Lebensjahr scheint die Welt für unsere Kinder ein Stück größer zu werden. Haben sie ihr Umfeld einst sicher von Mamas Schoß aus beäugt, beginnen sie irgendwann zu krabbeln, dann spielen sie bald mit anderen Kindern und ab einem gewissen Alter gehen sie in den Kindergarten und dann in die Schule. Für Kinder gibt es hier wieder viel Neues zu entdecken und neue Regeln kennenzulernen. Gerade über das Zusammensein mit anderen, was Höflichkeit und Rücksicht angeht, gilt es nun viel zu erfahren.

Dafür sind andere Regeln inzwischen selbstverständlich und „einfach" geworden. Dieser neue Lebensabschnitt bringt neben den neuen Regeln noch eine Veränderung mit sich: Vom Kindergartenalter an nimmt der Einfluss der Eltern nämlich immer mehr ab und Regeln, die von „außen" (Lehrer, Erzieher, Umfeld) gemacht werden, sind immer wichtiger. Hier macht sich der frühe Umgang mit Regeln bezahlt. Je früher die Kleinen nämlich gelernt haben, dass bestimmte Handlungen an Konsequenzen geknüpft sind, desto leichter fällt es ihnen, dieses Schema auch dann zu übernehmen, wenn es ihnen von außen aufgeben wird.

INFO

Erziehung von außen

Der Einfluss von Lehrern und Erziehern auf die eigenen Kinder ist groß. Damit die Erziehung für das Kind einheitlich bleibt, sollten Eltern mit Lehrern und Erziehern an einem Strang ziehen. Es ist daher ratsam, im ständigen Kontakt mit den Pädagogen zu bleiben, um zu erfahren, welche „Probleme" oder Besonderheiten das Kind in der Gruppe aufweist. Oft ist der Kontakt zu Erziehern und Lehrern auch dann von Vorteil, wenn man selbst einmal nicht mehr weiterweiß. Ausgebildete Pädagogen haben reichlich Erfahrung in Erziehungsfragen und können gute Tipps geben.

Aber auch für die Eltern bringt diese Situation eine Umstellung mit sich: Sie müssen nun in Erziehungsfragen mit anderen kooperieren.

Verstehen statt „begreifen"

Im Kindergarten- und Schulalter verändern sich jedoch nicht nur die äußeren Gegebenheiten. Auch im Inneren des Kindes spielt sich eine Menge ab, dass auf die Vorgabe von Regeln Einfluss nimmt. Je älter Kinder werden, desto stärker entwickeln sie nämlich ihre Fähigkeit, die Welt (und auch die elterlichen Regeln) nicht allein durch das wörtlich gemeinte „begreifen", sondern auch durch Kommunikation zu verstehen. Kinder verstehen nun komplexere Zusammenhänge. In der Folge ist es auch durchaus in Ordnung, die Ansprüche an sie zu erhöhen. Das bedeutet auch, dass man mehr Verantwortung an sie abgeben kann. Auf diese Weise fördern Sie nicht nur die Eigenständigkeit Ihres Kindes, sondern auch dessen Selbstvertrauen. Mögliche Regeln, die auch eine Übernahme von Verantwortung beinhalten, könnten daher sein:

- Du musst auch mit Sorge dafür tragen, dass du morgens pünktlich und ordentlich gekleidet zur Schule gehst.
- Hausaufgaben erledigst du grundsätzlich allein. Hast du jedoch Fragen, kannst du dich gern an Mama oder Papa wenden.
- Dein Geschirr räumst du selbstständig in die Spülmaschine.
- Dein Meerschweinchen gehört dir. Du bist deshalb auch dafür zuständig, dass es immer genug Futter und Wasser hat und dass der Käfig immer sauber ist.

Auch diese Regeln sind nur exemplarisch. Welche Regeln in Ihrem Haushalt und für Ihr Kind gelten, bestimmen und wissen Sie selbst.

Dieses Kapitel soll Sie nur ermutigen, ruhig etwas von den Kindern zu verlangen und zu erkennen, dass Kinder schon ein Gespür für Regeln entwickelt haben.

Alltagsprobleme und Lösungen

Praktische Lösungsansätze

In Erziehungsfragen verhält es sich wie in den meisten Bereichen des Lebens: In der Theorie klingt alles recht einfach; in der Praxis hapert es dagegen umso mehr. Das geht jedem Elternteil so! Jeder kennt Situationen mit seinen Kleinen, die nicht reibungslos funktionieren wollen. Ob das die schludrige Erledigung der Hausaufgaben, der tägliche Protest beim Zubettgehen oder der Kampf am Esstisch sind - jede Familie kennt Alltagssituationen, die nicht rund laufen. Zerbrechen Sie sich deshalb nicht den Kopf. Es ist eben noch kein Meister - und erst recht keine Mutter und kein Vater - vom Himmel gefallen. Niemand ist perfekt; aber jeder hat die Möglichkeit, sein Problem zu erkennen, sich Hilfe zu suchen und so eine Änderung zu erzielen. Hilfe gibt es in verschiedenen Formen: Dieses Buch (und speziell dieses Kapitel) soll eine Möglichkeit sein, Eltern in konkreten Problemsituation Unterstützung zu bieten. Hier werden spezielle Problem-Klassiker in Eltern-Kind-Beziehungen angesprochen, mögliche Ursachen aufgezeigt und potenzielle Lösungen angeboten.

Wie jeder Mensch ist aber auch jedes zwischenmenschliche Problem individuell. Die Probleme, Hintergründe und Lösungen sind daher nur Optionen; sie treffen zwar häufig zu, eine Garantie, dass das Geschriebene auch für Ihr Kind gilt, gibt es leider nicht. Verzagen Sie jedoch deshalb nicht - auf einen Versuch kommt es allemal an. Zudem gibt

TIPP

Humor

Ein nicht zu unterschätzendes Mittel im Umgang mit Problemsituationen im Alltag ist Humor. Wer nicht immer alles bierernst nimmt und auch mal über Fehler lachen kann, geht deutlich entspannter durchs Leben. Wenn Sie eine solche gewisse Leichtigkeit vorleben, wird sich die auch auf Ihr Kind übertragen. Das schafft eine grundsätzlich positive Atmosphäre, die sich bei Auseinandersetzungen im Alltag bezahlt machen wird.

es noch zahlreiche weitere Möglichkeiten, sich Beistand in Erziehungsfragen zu suchen. Suchen Sie beispielsweise den Austausch mit andern Eltern. Hier erfährt man häufig, dass auch andere Probleme haben. Ein Erfahrungsaustausch und „sich von der Seele reden" kann guttun und äußerst hilfreich sein. Oft kennen andere Eltern Tricks und Regeln, auf die Sie selbst noch gar nicht gekommen sind. Auch das Gespräch mit den eigenen Eltern, Lehrern, Erziehern oder manchmal sogar Kinderärzten kann Aufschluss geben. Sie alle verfügen schließlich über eigene Erfahrungen im Umgang mit Kindern. Man muss ja nicht unbedingt jede Meinung übernehmen – man kann sich aber von ihr inspirieren lassen. Ein paar Inspirationen soll Ihnen auch dieses Kapitel bieten.

Grundprinzipien in Problemsituationen

Um die gute Nachricht vorwegzunehmen: Kindererziehung ist keine Zauberei! Der Schlüssel zum Erfolg, also zu einem ausgeglichenen Kind, einem ruhigen Familienklima und einem funktionierenden Alltag, liegt vielmehr in ein paar simplen Grundregeln. Auch in den nachfolgend geschilderten, speziellen Problemsituationen werden diese Grundprinzipien immer wieder aufgezeigt werden. In dem vorangegangenen Kapitel wurden diese bereits ausführlich besprochen. Zur Erinnerung werden die wichtigsten Grundsätzlichkeiten, die Sie beachten sollten, hier nochmals in Kürze aufgezeigt. In einer konkreten Problemsituation mit dem Kind hat man meist weder die Zeit noch die Geduld, sich an ausführliche Beschreibungen zu erinnern und diese schulbuchmäßig zu befolgen. Versuchen Sie daher, sich nur ein paar Stichwörter in Erinnerung zu holen, an die Sie sich in der konkreten Situation „klammern" können. Hier sind ein paar Vorschläge:

Konsequenz

Regelmäßigkeit und Verlässlichkeit sind die wohl wichtigsten Regeln im Umgang mit Kindern. Dabei hat niemand gesagt, dass es immer leicht ist, konsequent zu sein. Wie wir noch sehen werden, gehört zum „Konsequentsein" manchmal auch, dass man eine Situation aussitzen muss, das laute Gequengel der Kinder ertragen oder ihren herzzerreißenden Blicken widerstehen muss. Nein, leicht ist es nicht immer. Aber bekanntlich höhlt nur der stete Tropfen den Stein. Wenn Eltern grundsätzlich und in allen Lebenslagen (!) konsequent sind, tun sich für ihre kleinen „Quälgeister" erst gar keine Schlupflöcher auf, in denen Regeln samt Familienfrieden gebrochen werden können.

Ruhe bewahren

Vergessen Sie nie, dass Sie der erwachsene und reifere Mensch sind. Es liegt an Ihnen, die jeweilige Situation im Griff zu behalten. So verführerisch es auch manchmal ist: Lassen Sie sich nicht von der Wut, dem Geschrei oder der Hysterie Ihres Dreikäsehochs anstecken. Das bringt weder Sie noch das Kind weiter. Im Gegenteil: Die Situation wird definitiv eskalieren. Indirekt übertragen Sie Ihrem Kind damit eine Menge Macht. Nämlich die Macht, dass es Ihre Gefühle und Laune im Griff hat und beliebig manipulieren kann. Wie soll ein solch „mächtiges" Kind seine Eltern denn da noch als Tonangeber ernst nehmen? Besser: Lassen Sie sich nicht anstecken. Es ist schwer, aber es wirkt Wunder. Ziehen Sie sich bewusst aus der Situation zurück. Wie Sie das machen, liegt bei Ihnen. Jeder Mensch hat einen anderen Weg, um sich selbst zu besänftigen: Manchen genügt es, die Augen zu schließen und tief durchzuatmen, andere müssen kurz den Raum verlassen. Was hilft Ihnen?

Liebe

Eine der unerlässlichsten Voraussetzungen in Sachen Kindererziehung, aber auch beim Lösen von Problemen und Konflikten, ist die Liebe zwischen Eltern und Kind. Lassen Sie Ihr Kind zu jeder Zeit spüren, dass Sie es aus vollem Herzen lieben und Regeln nicht dazu dienen, diese Liebe einzuschränken oder infrage zu stellen. Bei Regelverstößen sollten Sie Ihrem Kind zwar deutlich machen, dass es einen Fehler begangen hat – aber auch, dass diese Tatsache nicht bedeutet, dass Sie es weniger gern haben. Für uns Erwachsene klingt das vielleicht selbstverständlich – Kinder sind jedoch neu in der Welt und wissen daher vieles noch nicht. In jedem Fall aber tut es gut zu hören, dass man geliebt wird – also sparen Sie nicht mit diesen Worten!

Hausaufgaben: die tägliche Qual für Eltern und Kind

Das Problem: Hausaufgaben werden zur Hölle

Lehrer beteuern immer wieder, wie wichtig Hausaufgaben für den Lernfortschritt, aber auch für die Entwicklung von Eigenständigkeit und Selbstdisziplin sind. Kinder sehen das ganz anders. Hausaufgaben sind doof, rauben Zeit zum Spielen und werden deshalb nicht selten erst gar nicht erledigt, oder wenn doch, dann schludrig und ohne Mühe. Für Eltern bedeuten Hausaufgaben deshalb auch nicht unbedingt einen Segen: Entweder gibt es jeden Tag des gleiche Theater und Gezeter, wenn es um die Erledigung der Hausaufgaben geht, oder es ist inzwischen so weit gekommen, dass sich die Kleinen einen anderen Ausweg suchen und schlichtweg behaupten, sie hätten keine Hausaufgaben zu erledigen. Streit und Stress sind in jedem Fall vorprogrammiert.

Was steckt dahinter?

Normalerweise ist der Beweggrund, weshalb Kinder ihre Schulaufgaben nicht erledigen wollen, simpel zu durchschauen und teilweise sogar gut nachzuvollziehen: Hausaufgaben sind oft mühsam und langweilig. Sie sind eine lästige Pflicht, auf die niemand so wirklich Lust hat. Wirklich unverständlich ist das wohl auch für Erwachsene nicht. Reine Unlust muss aber nicht immer zwingend der Grund sein, weshalb die Aufgaben zum Streitthema werden. Manchmal liegt der Grund hierfür tiefer verborgen. Manche Kinder sehen sich mit der selbstständigen Erledigung Ihrer Aufgaben schlichtweg überfordert. Entweder ist der Lernstoff für sie unverständlich oder sie kommen zwar mit dem inhaltlichen Teil der Aufgaben klar, wissen aber nicht, wie sie sich am besten organisieren sollen. Vielleicht können Sie sich die Zeit nicht einteilen und verzetteln sich. Vielleicht lassen sie sich zu leicht ablenken, wenn kein Lehrer neben ihnen steht, der sie kontrolliert. Faulheit ist also nicht immer das Problem. Beobachten und befragen Sie Ihr Kind, um herauszufinden, wo genau der Hase im Pfeffer liegt.

TIPP

Kein Leistungsdruck

Hausaufgaben gehören zu den täglichen Pflichten Ihres Kindes und müssen gewissenhaft verrichtet werden. Setzen Sie Ihr Kind aber niemals zu sehr unter Druck! Das Kind spürt, wenn Sie eine zu hohe Erwartungshaltung haben, und das kann zu Versagensängsten führen. Zeigen Sie Ihrem Kind stattdessen Ihr Vertrauen und Ihre Anerkennung für seine Leistungen.

Lösungsvorschläge: Hilfe bei den Hausaufgaben

Ein gutes Arbeitsumfeld schaffen

Das Sprichwort „Äußere Ordnung schafft innere Ordnung" lässt sich prima auf die Hausaufgabenerledigung übertragen. Kinder brauchen Struktur und Ordnung, um sich zu sammeln und konzentrieren zu können. In einem äußerlich chaotischen Umfeld sind zu viele Dinge, die sie ablenken. Sorgen Sie also dafür, dass Ihr Kind einen ordentlichen und übersichtlichen Arbeitsplatz hat. Ein eigener Schreibtisch im Zimmer ist ideal. Dieser sollte immer ordentlich sein und genügend Möglichkeiten zur Ablage von Zetteln und Ordnern bieten. Neben einem ordentlichen Umfeld trägt natürlich auch Ruhe dazu bei, dass sich Kinder besser konzentrieren können. Radio und Fernseher sollten daher während der Hausaufgabenerledigung unbedingt abgestellt sein.

Gutes Handwerkszeug

Voraussetzung für eine gründliche Arbeitserledigung ist das passende Handwerkszeug. Gehen Sie am Anfang des Schuljahres daher gemeinsam mit Ihrem Kind in den Schreibwarenhandel und besorgen Sie, was nötig ist: Blöcke, Stifte, Mappen, Federtaschen. Lineale und weitere Büroartikel gehören dazu. Oft geben die Lehrer den Kindern eine Liste von Dingen mit, die zum Arbeiten nötig sind.

Wichtig: Wir wissen von uns selbst, wie wenig motivierend es ist, mit Handwerkzeug zu arbeiten, das nicht richtig funktioniert. Statt des günstigen Zirkels, der nach wenigen Malen Gebrauch zerbricht, kaufen Sie daher lieber gleich ein ordentliches Gerät. Lassen Sie bei der Wahl der Arbeitswerkzeuge auch Ihr Kind mitbestimmen. Wenn es die Stifte mit den Piraten-Motiven haben möchte, spricht nichts dagegen, dass es diese auch bekommt. Wenn das Kind mit den Piraten-Stiften mehr Freude hat, ist es umso motivierter.

Sich selbst Grenzen setzen

Ist die Arbeitsausstattung komplett und funktioniert das Erledigen der Hausaufgaben trotzdem nicht, sollte man zunächst einen Blick auf sein eigenes Verhalten werfen. Vielleicht hat sich der Schlamassel mit den Hausaufgaben bereits zu „Ihrem" Problem entwickelt. Viele Eltern neigen dazu, ihre Kinder bei den Schulaufgaben zu sehr zu unterstützen, sodass die Arbeit am Ende bei Ihnen liegt. Für die Kinder kann das zweierlei Konsequenzen haben. Entweder Sie lehnen sich zurück und lernen „Wenn ich mich nur dumm genug anstelle, macht Mama meine Aufgabe" oder aber sie beginnen, an sich selbst zu zweifeln, und bekommen das Gefühl, ohne elterliche Hilfe die Aufgaben gar nicht meistern zu können. In beiden Fällen bringen „übermotivierte" Eltern ihre Kinder um das positive Erlebnis eines Lernerfolges.

Nehmen Sie sich deshalb bewusst zurück. Dazu gehört auch, dass Sie sich innerlich nicht dafür verantwortlich fühlen, dass die Aufgaben erledigt sind. Geben Sie dem Kind zu verstehen, dass Sie zwar zur Hilfe bereit sind, dass es unterm Strich aber nicht Ihre Hausaufgaben sind. Geben Sie Verantwortung ab und machen Sie dem Kleinen auch klar, dass es sich selbst vor der Lehrerin rechtfertigen muss, wenn es zu Hause nichts gemacht hat.

Feste Zeiten

Dass die Hausaufgaben erledigt werden müssen, ist unumstößlich, zu welcher Zeit dies geschieht, ist dagegen verhandelbar. Verabschieden Sie sich von dem Gedanken, dass es unbedingt notwendig ist, die Aufgaben direkt nach dem Mittagessen zu erledigen. Manche Kinder müssen sich nach der Schule erst austoben, andere brauchen Ruhe und Entspannung. Natürlich gibt es auch Kinder, die die Aufgaben lieber sofort hinter sich bringen, um dann in Ruhe spielen zu können. Abgesehen davon lässt sich kein Mensch gern diktieren, wann er was zu tun und zu lassen hat. Besprechen Sie mit Ihrem Kind, welchen Zeitpunkt es sich selbst für die Aufgaben aussuchen möchte.
Um eine ordnungsgemäße Arbeitserledigung zu garantieren, sollten Sie ihm hierbei aber nicht gänzlich freien Lauf lassen, sondern ein paar Parameter abstecken. Damit das Kind nicht erst die Arbeiten erledigt, wenn es müde ist, können Sie beispielsweise eine Uhrzeit festlegen, bis wann die Aufgaben auf jeden Fall fertig sein müssen. Auch eine Mindestarbeitszeit (z. B. eine halbe Stunde) kann hilfreich sein. Tipp: Sollten Sie selbst Schreibtischarbeit zu erledigen haben, könnten Sie dies in denselben Zeitraum legen. Geteiltes Leid ist ja bekanntlich halbes Leid!

Pausen zulassen

Lernprozesse sind individuell. Viele Kinder haben beispielsweise Schwierigkeiten, sich für längere Zeit zu konzentrieren. Lassen Sie zu, dass das Kind hin und wieder Pausen macht, um sich neu zu sammeln. Aber auch hier sollten Sie den Knirpsen nicht gänzlich freien Lauf lassen, weil die kurzen Pausen sonst schon mal in die Länge gezogen werden könnten. Machen Sie ihm klar: 15 Minuten sind in Ordnung - danach ist wieder arbeiten angesagt.

Verantwortung abgeben

Sollte Ihr Kind Fragen haben oder möchte es Ihnen Vokabeln oder Gedichte vortragen, sollte ein offenes Ohr und ein motivierendes Feedback selbstverständlich sein. Sie sollten jedoch mit Ihrem Kind absprechen, ob es möchte, dass Sie sich in seine Hausaufgaben „einmischen". Viele Kinder fühlen sich in ihrer Selbstständigkeit beschnitten, wenn die Eltern ständig die Aufgaben kontrollieren. Vertrauen Sie Ihrem Kind und lassen Sie es eigenständig arbeiten, wenn es das möchte. Keine Sorge: Für die richtige Erledigung der Aufgaben sorgen schon die Lehrer. Das ist nicht allein Ihr Job.

Einkaufen: ständiges Theater an der Kasse

Das Problem: kein Einkauf ohne Geschrei und Gequengel

Für manche Eltern hat sich der Einkauf zu einem reinen Hindernislauf entwickelt: In der Gemüseabteilung ist noch alles ruhig, doch bereits beim Kühlregal, dort wo die süßen Puddings und Quarkspeisen stehen, fällt der Startschuss

zum Machtkampf mit den Kleinen. Dabei war die Pudding-Station erst das Warm-up. Zum eigentlichen Finale kommt es am Süßigkeitenregal oder aber spätestens an der Kasse. „Quengelware", also jene Süßigkeiten, die direkt an der Kasse platziert werden, damit Kinder, die mit ihrem Eltern in der Kasse warten müssen, diese entdecken und einen solchen Radau machen, bis sie sie endlich bekommen, sind die Hölle für alle Eltern. Das Gemeine dabei ist: Süßwarenhersteller wissen ganz genau um die Situation der Eltern. Entweder sie müssen in aller Öffentlichkeit und unter den vermeintlich erhabenen Blicken anderer Kunden das Theater Ihres Kindes in den Griff bekommen oder aber sie geben nach und kaufen „um des lieben Friedens willen" die Zuckerbomben.

Was steckt dahinter?

Kindern, die sich auf den Boden des Supermarkts werfen und nicht mehr weg wollen, die vor den Gummibärchen weinen, schreien oder brüllen oder vor dem Keksregal wild um sich schlagen, ist zunächst eines gemein: Sie alle wollen Süßigkeiten haben – und das um jeden Preis. Ihnen ist aber ebenso gemein, dass sie wissen, dass die Regeln der Eltern (hier: „Nein, Du bekommst heute keine Schokolade") nicht unumstößlich sind. Offenbar haben sie durch Schreien, Weinen oder Strampeln schon oft ein Schlupfloch gefunden, durch welches sie die jeweilige Regel nicht einhalten mussten. Andernfalls würde der ganze Radau ja keinen Sinn machen.
Auch hier sind wir also wieder am Punkt „Konsequenz" angelangt. Wenn Kinder einmal erfahren haben, dass Regeln nicht zwingend eingehalten werden müssen, vorausgesetzt sie machen genügend Aufstand, werden sie dies öfter versuchen. Besonders wenn es sich um so etwas Verlockendes wie Schokolade handelt. Dass sich dieses Szenario diesmal nicht daheim, im stillen Kämmerlein, sondern vor den unzähligen und extrem unangenehmen Blicken anderer zuträgt, ist ihnen herzlich egal. Im Gegenteil: Die Kleinen merken schnell, wie peinlich es den Erwachsenen ist, so ein Theater in der Öffentlichkeit durchzustehen und dass sie so noch schneller ans Ziel kommen.

Lösungsvorschläge: Kein Kassen-Gequengel mehr

Gezielt vorbeugen

Das Theater im Supermarkt beginnt im übertragenen Sinne nicht erst an der Kasse, sondern bereits daheim. Wenn Kinder nämlich merken (und sie merken es wirklich sehr schnell), dass sie ihre Eltern durch ein bestimmtes Verhalten (Schreien, Weinen oder Bitten) manipulieren können und auf diese Weise erreichen, dass das gesprochene, elterliche Wort an Halt verliert, nutzen sie diese Situation aus und stellen auch andere „vermeintliche" Regeln infrage. Lassen Sie es erst gar nicht so weit kommen, dass Ihre Kinder an Ihrem Wort zweifeln. Hierfür müssen Sie „einfach" immer (!) zu dem stehen, was Sie gesagt haben. Überlegen Sie daher gut, ob Sie auch wirklich halten können, was Sie versprechen oder ob es eine leere Drohung ist, die nur einer kurzzeitigen Problemlösung dienen soll. Kinder erkennen schnell, dass ihre Eltern in leeren Worthülsen sprechen und beginnen, sie nicht mehr ernst zu nehmen.

Sich ins Kind hineinversetzen

Kinder, die im Supermarkt ein lautes Theater machen, sind schlichtweg anstrengend und nervig. So ist es nur allzu verständlich, dass auch den Eltern am liebsten der Kragen platzen würde. Wenn es auch Ihnen so geht, machen Sie sich jedoch eines bewusst: Kinder sind nicht immer Herr ihrer selbst. Sie werden schlichtweg von Gefühlen geleitet, die ihr Verstand noch nicht immer kontrollieren kann. Sie sind sich und ihren Launen und Trieben in gewisser Weise ausgeliefert. In der geschilderten Supermarktsituation hat das Kind nur eines im Kopf. Nämlich: „Ich will die Schokolade und bin stinksauer, weil ich sie nicht bekomme." Diese Wut ist einfach da und sie kommt unweigerlich raus. Es ist zu viel verlangt, wenn der Kleine sich selbstständig zusammenreißen soll. Es schafft es meist noch nicht, seine Gefühle selbst zu kontrollieren.

TIPP

Jeder war einmal Kind

Versuchen Sie einmal, sich in ihre eigene Kindheit zurückzuversetzen. Sicher können Sie sich noch daran erinnern, wie es sich anfühlte, wenn man damals nicht das bekam, was man unbedingt wollte. Lassen Sie sich evtl. auch bestimmte Begebenheiten von Ihren Eltern oder älteren Geschwistern erzählen. Das rückt Sie näher an Ihr eigenes Kind heran und hilft, die Situation einmal von der anderen Seite zu betrachten und somit zu verstehen.

Die Situation entschärfen

Ist Ihr Knirps also stocksauer und geniert er sich nicht, dies auch zu zeigen, sind Sie selbst gefragt, um wieder Ruhe in die Situation zu bringen. Zunächst gilt diese Aufforderung Ihnen selbst: Versuchen Sie, ruhig und gelassen zu bleiben - lassen Sie sich keinesfalls anstecken. Um das Kind ebenfalls aus seiner Wut-Position zu holen, ist Ablenkung gefragt - am besten in Verbindung mit einer räumlichen Trennung. Lassen Sie Ihren Einkaufskorb kurz stehen, schnappen Sie sich den Kleinen und gehen direkt vor die Tür des Supermarktes. Hier geht die Ablenkung weiter: Zücken Sie ein Taschentuch, tupfen Sie ihm damit die Tränen weg oder führen Sie kleine Tricks damit vor, sodass er abgelenkt wird und sich beruhigt. Sie können auch einen Vogel oder einen Hund bewundern - wichtig ist nur, dass Ihr Kind auf andere, positive Gedanken kommt. Erst wenn er sich beruhigt hat, erklären Sie ihm die Situation in Ruhe und einigen sie sich auf einen Kompromiss (z. B. „Es gibt heute Abend einen Nachtisch, wenn wir jetzt wieder ungestört einkaufen können.").

„Nacharbeit" zu Hause

Vor dem nächsten Einkauf sollten Sie das Thema „Schoko-Regal" zu Hause noch einmal in Ruhe und mit Abstand besprechen. Machen Sie Ihrem Kind klar, dass Sie auf seine Schreie und Quengeleien nicht eingehen werden; versuchen Sie, Ihrem Kind aber gleichzeitig die Notwendigkeit für diesen Machtkampf zu entziehen. Sagen Sie ihm zu, dass es zu festen Zeiten Süßigkeiten essen darf und dass es deshalb gar nicht erst den „Supermarkt-Kampf" beginnen muss.

Aufräumen: Ordnung ist das halbe Leben

Das Problem: Die Kleinen machen das größte Chaos

Der Volksmund sagt: „Ordnung ist das halbe Leben." Nicht selten reagieren unsere Kleinen mit pfiffiger Gegenwehr

und zeigen uns: Unordnung ist die andere Hälfte. An dieser Stelle ist vielen Eltern vielleicht noch zum Schmunzeln zumute. Das ändert sich jedoch spätestens dann, wenn sie mit dieser Lebensphilosophie in der Praxis konfrontiert werden: Unordentliche Zimmer, zusammengeknüllte Pullover und liegen gelassenes Spielzeug im ganzen Haus.

Was steckt dahinter?

„Aufräumen ist doof." Das würde Ihr Kind wahrscheinlich antworten, wenn Sie es fragen würden, warum es immer so unordentlich ist. Und wahrscheinlich hat es damit gar nicht so unrecht. Denn Aufräumen ist nicht nur doof, sondern auch mühsam, ständig erforderlich und will gelernt sein. Neben der Scheu vor dem Aufwand, den das Aufräumen für Kinder bedeutet, wissen viele Kinder gar nicht, wie sie Ordnung schaffen und v. a. halten sollen. Sie sind schlichtweg überfordert. Eine andere Möglichkeit, weshalb die Kleinen oft solche Chaoten sind, ist, dass sie die ständige Bevormundung ihrer Eltern satt haben. Schließlich sollen sie sich ständig an Vorgaben und Regeln der Großen halten und möglichst immer brav sein. Wenigstens in ihrem Zimmer wollen sie daher selbst bestimmen dürfen, was sie zu tun und zu lassen haben.

Lösungsvorschläge: So kommt Ordnung ins Chaos

Meckern bringt nichts

Dieser Grundsatz gilt eigentlich für jedes Problem. Kinder sind die ständigen Ermahnungen ihrer Eltern irgendwann einfach leid; teilweise wissen sie schon vorher, was kommt und hören gar nicht mehr richtig zu. Dreht sich das Problem zudem um ein Thema wie das Aufräumen, das sich quasi täglich wiederholt, sind sowohl Kinder als auch Eltern dem ewigen Gemeckere überdrüssig. Unterlassen Sie es daher gleich. Es hat keinen Sinn und kostet zu viel Energie.

Besser: Statt sich ständig wiederholender Predigten sprechen Sie lieber einmal aus, was passiert, wenn das Kind Sachen liegen lässt und handeln Sie anschließend auch danach. Dinge, die liegen gelassen werden, können beispielsweise in den Keller gebracht werden.

Gemeinsam aufräumen

Nehmen Sie sich die Zeit, mit Ihrem Kind einmal gemeinsam Ordnung in sein Zimmer zu bringen. Räumen Sie mit ihm gemeinsam auf, fordern Sie es auf, Dinge auszumisten, die es nicht mehr braucht und schaffen Sie ihm die Möglichkeit, das Zimmer auch künftig sauber zu halten.

Hierfür lohnt sich die Anschaffung großer Boxen, in der es seine Sachen verstauen kann. Auch Schränke und Kommoden helfen den Kleinen beim Ordnung halten. Jetzt hat es eine Basis, auf der es die Ordnung leichter selbst erhalten kann.

TIPP

Das eigene Verhalten hinterfragen

Ordnung ist wichtig – gar keine Frage. Wenn Aufräumen zwischen Ihnen und Ihrem Kind jedoch zu einem niemals enden wollenden Streitthema wird, kann es hilfreich sein, das eigene Ordnungsverhalten einmal zu hinterfragen. Wenn Sie selbst unter bestimmten Zwängen leiden, birgt dies ein großes Konfliktpotenzial bei der Erziehung eines Kleinkindes, das naturgemäß noch keinen ausgereiften Sinn für Ordnung entwickeln konnte.

Gemeinsam eine Lösung finden

Setzen Sie sich mit Ihrem Kind in Ruhe zusammen, um das Problem „Aufräumen" zu besprechen. Dieses Gespräch sollte unbedingt zu einem Zeitpunkt stattfinden, an dem Sie sich nicht gerade erst wegen der Unordnung in die Haare geraten sind, sondern beide Parteien zwar um den Konflikt wissen, aber deshalb nicht akut in emotionaler Aufruhr sind. Nutzen Sie dieses Gespräch, um v. a. Ihr Kind zu Wort kommen zu lassen. Halten Sie ihm jetzt keine Predigt – der Effekt solcher Monologe wurde oben geschildert. Machen Sie ihm stattdessen klar, dass es notwenig ist, Ordnung zu halten, dass Sie sich aber gern seine Vorschläge anhören, wie diese Ordnung umzusetzen ist. Lassen Sie es selbst Lösungsvorschläge entwickeln.
Vielleicht schlägt Ihr Kind vor, einen gemeinsamen Putztag in der Woche einzurichten. Oder es will lieber allein für Ordnung sorgen und vereinbart deshalb mit Ihnen einen festen Putzplan, mit dessen Hilfe es selbstständig rein macht. Vielleicht hat es auch andere Ideen und verlangt nach einem großen Mülleimer, in dem es all seinen Müll hineinwerfen kann – oder, oder, oder!

Ich-Botschaft

Kindern den Sinn von Ordnung nahezubringen, ist nicht immer leicht – zumal sie oft einfach anderer Ansicht sind und es vorziehen würden, im „Saustall" zu wohnen. Bringen Sie deshalb Argumente vor, die selbst Ihr Kind nicht umstoßen kann. Sagen Sie ihm beispielsweise, dass es viel Arbeit für Sie ist, die Wäsche zu waschen, zu bügeln und zusammenzulegen und, dass Sie daher umso enttäuschter sind, wenn Ihr Kind die Kleidung einfach zerknüllt in die Ecke wirft.

Gelassener werden

Kinder sollten natürlich nicht im totalen Chaos leben – dennoch sollten wir Erwachsenen einsehen, dass nun mal jeder ein anderes Ordnungsempfinden hat. Einigen Sie sich daher auf Ordnungsregeln, die in jenen Zimmer gelten, die von der gesamten Familie genutzt werden (Wohnzimmer, Küche, Flur) und auf solche Regeln, die nur im Zimmer des Kindes gelten sollen.

Gewähren Sie dem Kind in seinem eigenen Reich ruhig etwas mehr Entscheidungsspielraum, wie viel Ordnung es halten will.

Zubettgehen: „Ich bin noch gar nicht müde!“

Das Problem: Das Sandmännchen hilft einfach nicht

Von wegen Nachtruhe! Für die meisten Eltern geht der Stress kurz vor der Schlafenszeit erst richtig los. Das Problem ist jeden Abend das gleiche: Die Kleinen wollen einfach nicht ins Bett gehen, erbitten erst zehn, dann 15 und schließlich 20 Minuten länger wach bleiben zu dürfen. Schickt man sie trotzdem ins Bett, ist das Gejammer groß und der Stress bei allen Familienangehörigen vorprogrammiert.

Was steckt dahinter?

Bei der Weigerung, ins Bett zu gehen, steckt zum einen natürlich die überschwängliche kindliche Energie dahinter. Vielleicht ist Ihr Kind wirklich noch nicht müde?

Aufräumen? Ein Kinderspiel!

Aufräumen ist für Kinder wie Strafarbeit - jedenfalls dann, wenn sie keine tollen Aufräumspiele kennen.

Aufräum-Würfel: Hierfür brauchen Sie einen Würfel und ein unordentliches Kinderzimmer. Nun teilen Sie das Zimmer in verschiedene „Aufräum-Häppchen" (z. B. Bauklötze sortieren, Wäsche in den Schrank legen etc.). Jetzt muss das Kind würfeln. Würfelt es eine Eins, muss es eine Aufgabe erledigen, bei einer Zwei sind zwei Aufgaben dran - usw. Damit das Kind nicht streikt, wenn es eine Fünf oder Sechs würfelt, können diese Zahlen mit anderen Aufgaben belegt werden (z. B. einmal die Treppe herauf- und runterlaufen, ein Gedicht aufsagen). Sie können auch eine Siegprämie (z. B. 15 Minuten länger fernsehen) für denjenigen vereinbaren, der in der Summe die meisten Würfelpunkte erreicht und damit gewonnen hat.

Aufräum-Erinnerungsspiel: Setzen Sie sich mit Ihrem Kind an einen Tisch und gehen Sie gedanklich durch, was alles in seinem Zimmer aufgeräumt werden muss. Dabei legen sie gemeinsam fest, welcher Gegenstand an welchen Platz gehört (z. B. der Teddy kommt neben das grüne Auto). Die Aufgabe des Kindes ist es, sich alle Plätze zu merken und dann in die Tat umzusetzen, was es sich gemerkt hat. Je mehr Treffer es dabei hat, desto mehr Punkte bekommt es. Tipp: Am besten notieren Sie sich, welcher Gegenstand an welchen Platz gehört, damit man den Spielstand anschließend kontrollieren kann.

Aufräum-Wettrennen: Veranstalten Sie mit Ihrem Kind einen Aufräumwettbewerb. Sie räumen die Küche auf, während der Kleine sein Zimmer in Ordnung bringt. Wer eher fertig ist, gewinnt. Natürlich zählen hierbei nur sauber verstaute Dinge und nicht einfach nur schnell in den Schrank geworfene Spielsachen.

Auch Kinder haben ihren eigenen Schlaf-wach-Rhythmus. Zum anderen kommt hier oft der Drang des Kindes, über sich selbst bestimmen zu dürfen, zum Ausdruck. Kinder wollen (wie alle Menschen) nicht vorgeschrieben bekommen, was zu tun und zu lassen ist. Zudem wissen Kinder, dass es ein Zeichen von Erwachsensein ist, wenn man lange wach sein darf – und welches Kind möchte nicht gern „groß" sein. Manche Kinder scheuen das Bett auch einfach nur, weil sie nicht allein sein möchten, sich evtl. fürchten und die Nähe der Eltern suchen.

Lösungsvorschläge: Endlich eine „gute Nacht"

Dunkelheit und Einsamkeit vermeiden

Viele Kinder fühlen sich in einem stockdusteren Zimmer ganz allein nicht wohl. Wenn Sie möchten, dass Ihr Kind gern und bereitwillig ins Bett geht, sollten Sie ihm daher auch eine entsprechende Wohlfühlatmosphäre schaffen. Hierfür genügt es oft bereits, die Tür einen Spaltbreit offenzulassen, sodass Licht ins Zimmer fällt und das Kind die Stimmen aus dem Wohnzimmer hören kann.

Rituale schaffen

Feste Rituale, die das Kind zur Ruhe bringen und auf die es sich freuen kann, erleichtern das Zubettgehen ebenfalls. Vereinbaren Sie, dass Sie dem Knirps jeden Abend eine Gutenachtgeschichte vorlesen oder gemeinsam ein Hörspiel anhören.

Erfahrungen selbst machen lassen

Sträubt sich Ihr Kind mit aller Gewalt, schlafen zu gehen, lassen Sie sich nicht auf diesen Machtkampf ein, sondern lassen es die Konsequenzen selbst tragen. Spätestens, wenn es mehrere Tage völlig übermüdet seine Alltagsroutine durchstehen muss, wird es früher oder später freiwillig ins Bett gehen.

Offen sein für Veränderungen
Dass Kinder früh ins Bett gehen sollen, hängt i. d. R. nicht allein damit zusammen, dass sie sich ausschlafen können, sondern hat auch den Sinn, dass die Eltern für ein paar Stunden am Tag ihre Ruhe haben und ungestört sein können. Besonders, um letzteren Zweck zu erreichen, ist es jedoch nicht zwingend notwendig, dass das Kind zu der vereinbarten Schlafenszeit auch tatsächlich schläft. Es kann sich auch ruhig und allein in seinem Zimmer beschäftigen. Gerade für Kinder, die schon etwas älter sind, ist es oft ein fairer Kompromiss, wenn sie zwar um 20 Uhr in ihrem Zimmer verschwinden und ruhig sein müssen, sich aber durchaus noch allein für eine Stunde beschäftigen dürfen. Vertrauen Sie Ihrem Kind und übertragen Sie ihm selbst die Verantwortung, wann es schlafen geht.

Geschwister: das ewige Gezanke

Das Problem: ständiger Streit im Kinderzimmer

„Mama, Timo hat mich gehauen!" – „Sara hat aber angefangen!" – „Lisa ist eine doofe Zicke!" Sätze wie diese dürften insbesondere Eltern mit mehreren Kin-

dern bekannt sein. Statt ruhig miteinander zu spielen, haben sich die Geschwister ständig in den Haaren. Die Streitereien gehen dabei sogar so weit, dass eines der Kinder handgreiflich wird. Und trotz aller Bemühungen will sich manchmal einfach keine Geschwisterliebe einstellen.

Was steckt dahinter?

Um eines vorwegzunehmen: Nein, Ihre Kinder hassen sich nicht abgrundtief. Konflikte und Streitigkeiten unter Geschwistern sind völlig normal. Um zu verstehen, was hinter den Rangeleien steckt, muss man das Alter des Kindes beachten. Bei Kleinkindern (also bis ca. vier Jahren) entstehen Streite oft dadurch, dass dem Kind etwas (meist Spielzeug) weggenommen wird. Daraufhin wird der Dreikäsehoch trotzig und versucht, sich sein Spielzeug mit aller Gewalt zurückzuholen. Kleinkindern geht es dabei oft wirklich um den reinen Besitz. Bei älteren Kindern haben Zankereien dagegen i. d. R. einen anderen Hintergrund. Es geht um Rivalität und um die Aufmerksamkeit der Eltern.
Auch das ist völlig normal. Geschwister müssen untereinander eine gewisse Rangordnung finden und immer wieder ausloten, wie es um ihr Verhältnis zu den Eltern bestellt ist.

TIPP

Eifersucht

Die meisten Streitigkeiten unter Geschwisterkindern entstehen aus Eifersucht. Meist ist das Erstgeborene, das sich durch den neuen Familienzuwachs herabgesetzt fühlt und Angst hat, dass seine Eltern das Geschwisterchen lieber haben könnten, betroffen. Dies kann eine große Belastung für das größere Kind sein. Manche Kinder lassen die Aggressionen auch an sich selbst aus oder reagieren mit Krankheit oder Bettnässen. Nun ist es wichtig, dem Kind, so oft es geht, Ihre ungeteilte Aufmerksamkeit zukommen zu lassen und es dazu zu ermuntern, über seine Gefühle zu reden.

Lösungsvorschläge: Bringen Sie die Streithähne zur Ruhe

Gerechtigkeit ist Trumpf

Unter Geschwistern herrscht meist von Natur aus ein Rivalitätsverhältnis. Dieses wird natürlich geschürt, wenn man die Kleinen ungleich behandelt. Gerechtigkeit ist daher die wichtigste Eigenschaft, die Eltern ihren Kindern gegenüber einhalten müssen, um von vornherein kein Konkurrenzdenken aufkommen zu lassen.

Dazu gehört nicht nur die gleiche Aufteilung von Spielsachen, Süßigkeiten und Kleidung, sondern v. a. die gerechte Verteilung von Aufmerksamkeit, Lob und Streicheleinheiten. Sprechen Sie hin und wieder ruhig offen aus, dass Sie beide Kinder gleich gern haben und dass sich die Kinder keine Sorgen machen müssen, dass eines der Kinder bevorzugt wird.

Streitkultur vorleben

Streiten will gelernt sein. Kinder müssen erst erfahren, wie man Konflikte zu lösen hat. Seien Sie daher ein gutes Beispiel. Dazu zählt auch, dass Sie sich nicht scheuen, Meinungsverschiedenheiten (z. B. mit Ihrem Partner) auch einmal vor den Kindern auszutragen. Kinder sollen sehen, dass Konflikte unausweichlich zum Leben gehören und dass sie nicht schlimm sind - vorausgesetzt, man löst sie zu aller Zufriedenheit. Versuchen Sie daher, vorbildlich vor Ihren Kindern zu streiten. Konkret heißt das: Den anderen ausreden lassen, Argumente nicht gleich abschmettern, sondern diskutieren, nicht laut werden, Kompromisse suchen und Willen zur Lösungssuche zeigen. Das nützt übrigens nicht nur Ihren Kindern, sondern wird auch Ihrer Beziehung guttun.

Ignorieren

Kinder streiten oft um die Gunst der Eltern. Auch wenn es vordergründig um eine Kleinigkeit geht („Der hat mein Spielzeug geklaut"), steckt oft ein Kampf um Mamas Aufmerksamkeit dahinter. Der größte Fehler, den Sie jetzt machen können, ist, darauf einzugehen. Bekommen Sie mit, wie ein Streit entsteht, ignorieren Sie die Ursache. Gehen Sie sogar noch weiter und tun Sie so, als hätten Sie gar nicht mitbekommen, dass Streit da ist. Am besten verlassen Sie sogar den Raum. Ihre Stimmung sollte dabei so neutral wie möglich sein.
Gehen Sie z. B. einfach zur Toilette und seien Sie somit unerreichbar für den Streit. Die Kinder werden schnell merken, dass Sie der Streit nicht interessiert und die anstrengenden Kämpfe vermeiden – sie haben schließlich keinen Zweck.
Wichtig: Auch wenn Sie gehen, behalten Sie im Auge, ob es zu Handgreiflichkeiten kommt. Dann müssen Sie nämlich eingreifen.

Nicht sofort einmischen

Mischen Sie sich nur in einen Streit ein, wenn er handgreiflich wird. Allzu schnell werden Sie ansonsten in die Situation gebracht, Partei für einen der Streithähne zu ergreifen. Je weniger Sie sich einmischen, desto mehr Verantwortung übertragen Sie auch auf die Kinder. Lassen Sie Ihnen die Gelegenheit, die Lösung selbst zu finden.

Räumliche Trennung

Grundsätzlich ist eine räumliche Trennung nur sinnvoll, wenn es zu Handgreiflichkeiten gekommen ist. Stecken Sie die Kinder dann für 15 Minuten in verschiedene Räume, damit sie sich beruhigen. Verläuft der Streit jedoch gewaltfrei, vermeiden Sie eine Trennung unbedingt. Wichtig ist, dass Sie anschließend mit den Kindern das Gespräch suchen und den Konflikt auf diese Weise nachhaltig entschärfen.

Essen: ständiges Meckern

Das Problem: Gemeinsame Mahlzeiten sind der reinste Kampf

Eigentlich sind gemeinsame Mahlzeiten eine tolle Sache. Die ganze Familie versammelt sich, man bespricht die Erlebnisse des Tages und verbringt eine schöne gemeinsame Zeit. In der Realität sieht das jedoch oft ganz anders aus. Die Kinder können nicht still sitzen, haben keine Lust, mit Messer und Gabel zu essen oder verweigern das Essen vollständig. Eine gemütliche Abendbrottafel sieht anders aus.

Konflikte spielend leicht gelöst

Streit kommt in den besten Familien vor. Das ist keine Schande. Wichtiger ist, wie man den Streit löst. Bei ärgerlichen Kleinigkeiten hilft es oft, eine spielerische Lösung zu finden, um der Sache erst gar keine große Bedeutung beizumessen.

Rollentausch: Schlagen Sie Ihrem Kind in einem Konflikt doch einfach einmal vor, die Rollen zu tauschen. Sie sind in der Rolle des Kindes und das Kind übernimmt Ihren Part. Jeder ist nun gezwungen, sich die Argumente des anderen deutlich zu machen – dabei erkennt man schnell, dass an diesen Argumenten auch etwas Wahres dran sein kann. Zudem hat man Gelegenheit, Eigenarten und Marotten des Gegenübers übertrieben – aber dabei lustig – vorzutragen. Das heitert nicht nur die Stimmung auf, sondern hilft auch dabei, spielerisch Dampf abzulassen.

Stofftier-Streit: Dieses Spiel eignet sich hervorragend, um einen ständig wiederkehrenden Alltagskonflikt (z. B. Kind räumt nie sein Zimmer auf) zu lösen. Wichtig ist, dass dieses Spiel für das Kind recht unvermittelt, also unbedingt außerhalb einer Streitsituation, gespielt wird. Nehmen Sie hierfür einfach zwei Puppen oder Stofftiere und beginnen Sie erst ganz „normale" Situationen durchzuspielen (z. B. Familie Teddybär geht einkaufen). Haben Sie ein bis zwei neutrale Szenen durchgespielt, stellen Sie nun die konkrete Problemsituation nach. Beispiel: Der kleine Bär weigert sich aufzuräumen. In diesem Spiel können Sie den Konflikt in allen Aspekten durchspielen, ohne dass das Kind sich unmittelbar angesprochen fühlen muss (es geht schließlich um den kleinen Bären) und ohne dass emotionale Schieflagen aufkommen, schließlich sind Sie in guter Spiellaune und nicht in einer typischen Konfliktsituation.

Was steckt dahinter?

Tischmanieren sind für Kinder neu und eine lästige Pflicht. Es ist schließlich einfacher, mit der Hand zu essen. Sollen Sie sich aber plötzlich an eine Fülle von Benimmregeln halten, fühlen Sie sich zum einen schnell überfordert, zum anderen fühlen sie sich ständig bevormundet und herumkommandiert.

Auch die Verweigerung der Mahlzeiten kann ein Ausdruck dafür sein, dass das Kind es leid ist, ständig diktiert zu bekommen, was und wie viel es zu essen hat.

Lösungsvorschlag: Ruhe am Tisch

Verantwortung abgeben

Will Ihr Kind nie aufessen, lassen Sie es künftig einfach selbst entscheiden, wie viel es sich auf den Teller tut. Machen Sie ihm klar, dass es fortan selbst dafür zu sorgen hat, dass es satt ist. Nimmt es zu wenig, muss es aber auch mit der Konsequenz leben, dass es bis zur nächsten Mahlzeit nun einmal nichts zu essen gibt. Kinder lernen schnell das richtige Maß kennen und werden nach ein paar hungrigen Tagen schon wissen, welches Maß für sie gut ist.

Mitbestimmungsrecht für die Kleinen

Nicht jedes Kind isst gern gesundes Gemüse. Geschmäcker sind eben verschieden – das gilt auch für Kinder. Damit es nicht die Freude am Essen verliert, sollte es die Möglichkeit haben, den Speiseplan mitzubestimmen. Es sollte sich Gerichte wünschen dürfen. Diese sollten

dann auch mit der ganzen Familie gemeinsam gegessen werden. Im Gegenzug verpflichtet es sich, die „Wunschgerichte" der Eltern oder Geschwister zumindest zu probieren.

Manieren-Spiel
Tischmanieren wollen gelernt sein. Vereinfachen Sie Ihren Kindern den Zugang zu den Benimmregeln, indem Sie sie in ein Spiel integrieren. Beispielsweise können Tischszenen mit Stofftieren nachgestellt werden. Auch gut: Einigen Sie sich auf einen Tag in der Woche, in dem am Tisch ein Benimmspiel stattfindet, bei dem beispielsweise alle Mitspieler die Tischmanieren auf eine übertrieben feine Art beachten.

INFO

Naschtag: ein schwedischer Brauch
In Schweden ist es seit den 50er Jahren Sitte, dass der Samstag zum sogenannten Naschtag erklärt wird. An diesem (und nur an diesem!) Tag ist es Kindern gestattet, Süßes zu essen. Und zwar so viel sie wollen. An allen anderen Tagen gibt es dagegen nichts. Auch fremde Erwachsene (Erzieher, Verwandte, Freunde oder die Dame beim Bäcker) kennen diese Sitte und bieten Kindern daher unter der Woche niemals Süßigkeiten an. Was für eine tolle Idee!

Kein „Drama" machen
Kinder spüren ganz genau, dass sie bei Ihren Eltern einen empfindlichen Punkt treffen, wenn es um das Thema Essen geht. Verweigern Kinder das Essen, fürchten die Eltern oft, dass es zu Mangelerscheinungen kommt. Keine Bange: So schnell passiert dem Kind nichts. Es ist vielmehr unser natürlicher Brutpflegeinstinkt, der uns Eltern diese Panik spüren lässt. Durch diese Sorge wird Kindern jedoch die Macht zuteil, die Erwachsenen in Aufruhr zu versetzen und sich so eine gehörige Portion Aufmerksamkeit zu verschaffen.

Unterbrechen Sie diesen Teufelskreis – wie immer – mit Ignoranz. Tun Sie so, als sei es nicht Ihr Problem, wenn das Kind nichts essen mag. Es soll spüren, dass es auf diese Weise nicht mehr Aufmerksamkeit bekommt. Auch wenn es Hunger hat, weil es das Essen nicht haben wollte, ist das künftig nicht mehr „Ihr Problem". Erklären Sie dem Kleinen, dass er den Hunger vermeidet, wenn er sein Mittagessen aufisst und dass es an ihm liegt, ob er morgen wieder hungrig sein möchte.

Serviceteil

Hilfreiche Adressen

Auf den folgenden Seiten finden Sie nützliche Adressen, die Ihnen bei der Erziehung und optimalen Förderung Ihrer Kinder weiterhelfen.

Arbeitsgemeinschaft für kath. Familienbildung e. V. Bonn
Mainzer Straße 47
53179 Bonn
www.afk-bonn.de
Telefon: 0228-37 18 77
Fax: 0228-8 57 81 47
info@afk-bonn.de
Angebot an Erziehungskursen für Eltern

Arbeitskreis Neue Erziehung e. V.
Boppstraße 10
10967 Berlin
www.ane.de
Telefon: 030-25 90 060
Fax: 030-25 90 06 50
ane@ane.de
Unterstützendes Angebot zur bildungspädagogischen Förderung

Bundesforum Familie
Inselstraße 6a
10179 Berlin
www.bundesforum-familie.de
Telefon: 030-2 75 81 74 90
Fax: 030-2 75 81 74 99
info@bundesforum-familie.de
Zusammenschluss verschiedener Organisationen wie Stiftungen und Verbände, die sich für eine familienfreundliche Gesellschaft einsetzen

Bundeskonferenz für Erziehungsberatung e. V.
Herrnstraße 53
90763 Fürth
www.bke.de
Telefon: 0911-97 71 40
Fax: 0911-74 54 97
bke@bke.de
Beratung bei Erziehungsfragen

Bundesministerium für Familie, Senioren, Frauen und Jugend
11018 Berlin
www.bmfsfj.de
Telefon: 0180-1907050
Fax: 03018-5554400
Informationen über Familienpolitik

Bündnis für Kinder
Winzererstraße 9
80797 München
www.buendnis-fuer-kinder.de
Telefon: 089-12 61 12 00
Fax: 089-12 61 16 25
Info@buendnis-fuer-kinder.de
Projekte zur Stärkung der Erziehungskompetenz

Deutscher Familienverband
Luisenstraße 48
10117 Berlin
www.deutscher-familienverband.de
Telefon: 030-24 62 86 11
Fax: 030-30 88 29 61
redaktion@deutscher-familienverband.de
Beratung und Hilfe, Aktionen, Seminare und Erholungsangebote für die Familie

Deutsche Liga für das Kind
Chausseestraße 17
10115 Berlin
www.liga-kind.de
Telefon: 030-28 59 99 70
Fax: 030-28 59 99 71
post@liga-kind.de
Förderung der Entwicklungschancen von Kindern in allen Lebensbereichen

Deutscher Kinderschutzbund Bundesverband e. V.
Starke Eltern – starke Kinder®
Frau Paula Honkanen-Schoberth
Schöneberger Straße 15
10963 Berlin
www.starkeeltern-starkekinder.de
Telefon: 030-2 14 80 90
Fax: 0030-21 48 09 99
info@dkdb.de
Elternkurse des Deutschen Kinderschutzbundes

DJI München
Deutsches Jugendinstitut e. V.
Nockherstraße 2
81541 München
www.dji.de
Telefon: 089-62 30 60
Fax: 089-62 30 61 62
info@dji.de
Hintergrundwissen von A bis Z aus der Forschung über Kinder, Jugendliche und Familie

Evangelisches Zentralinstitut für Familienberatung
Auguststraße 80
10117 Berlin
www.ezi-berlin.de
Telefon: 030-28 39 52 00
Fax: 030-28 39 52 22
ezi@ezi-berlin.de
Psychologische Beratung für Eltern und Familien

FRIZ Frühinterventionszentrum
Felix-Wankel-Straße 6
69126 Heidelberg
www.fruehinterventionszentrum.de
Telefon: 06221-7 26 65-50
Fax: 06221-7 26 65-49
info@fruehinterventionszentrum.de
Heidelberger Elternprogramm zur frühen Sprachförderung für Eltern von Kleinkindern mit Sprachproblemen

Gordon Training Deutschland Österreich Schweiz
Herr Dr. Karlpeter Breuer
Bonner Talweg 149
53129 Bonn
www.gordonmodell.de
Telefon: 0228-22 58 67
Fax: 0228-22 02 04
info@gordontraining.org
Familientraining zur Förderung von Kommunikation und Konfliktlösung

GPSD
Gesellschaft für Psychologische und Soziale Dienste e. V.
Saarstraße 51-53
54290 Trier
www.gpsd-trier.de
Telefon: 0651-9 76 08 30
Fax: 0651-9 76 08 31
info@gpsd-trier.de
Erziehungsberatung und -trainingsangebote

Heidelberger PräventionsZentrum
Keplerstraße 1
69120 Heidelberg
www.faustlos.de
Telefon: 06221-9 14 42
Fax: 06251-94 86 20
info@h-p-z.de
Fortbildungen und Seminare zur Förderung sozial-emotionaler Kompetenzen

InSTEP Weiterbildungsinstitut und InSTEP Trainernetzwerk Büro
Kreuzbergstraße 84
40489 Düsseldorf
www.instep-online.de
Telefon: 0211-2 00 68 70
Fax: 0211-2 00 77 49
buero@instep-online.de
Weiterbildungsprogramm für Eltern zum Thema Kindererziehung mit Kursen

Kasseler Institut für Systemische Therapie und Beratung e. V.
Goethestraße 76
34119 Kassel
www.kasselerinstitut.de
Telefon: 0561-8 16 56 02
Fax: 0561-8 16 56 01
elterncoahing@kasselerinstitut.de
Erziehungsberatung bei Konflikten durch Psychotherapeuten

Triple P Deutschland
PAG Institut für Psychologie AG
Nordstraße 22
48149 Münster
www.triplep.de
Telefon: 0251-51 89 41
Fax: 0251-20 07 92 00
info@triplep.de
Erziehungskonzept und Trainingsprogramm für Eltern mit Kursen und Materialien

Register

Aggression 85
Akzeptanz 38
Anerkennung 22, 72
Angst 9, 19, 24, 26, 49 f., 57, 72, 85
Ärger 33, 38
Aufgabe 29, 34, 40 f., 43 ff., 53, 82
Aufmerksamkeit 16, 21 ff., 58, 60, 85 f., 87, 90
Aufräumen 78 ff., 82
Autorität 29, 36, 53

Baby 9, 22, 34, 48 f., 58 f., 63

Diskussion 19, 35 f.
Durchsetzungskraft 26 f.

Eigenständigkeit 66, 71
Einkaufen 75, 78, 88
Einschlafen → Schlafen
Entwicklung 15 f., 18, 22 f., 51, 55 ff., 60, 62, 71
Essen 6, 9, 15 ff., 26, 30, 32 f., 36, 39, 47, 61, 78, 87, 89 f.
Erklären 19, 34 ff., 42, 44, 50, 61, 78, 90
Erziehung, antiautoritäre 7
Erziehungskonzept 11 f., 15, 44

Familie 6, 9, 11, 13, 19, 27, 30 ff., 36, 68 ff., 81, 85, 87 f., 90
Fehler 37 ff., 41, 69, 71, 87

Geduld 21, 37 ff., 55, 69
Gesellschaft 9 ff., 51
Geschwister 64, 77, 84 f., 90
Geste 19, 59

Hausaufgaben 7, 66, 68, 71 ff.
Haushalt 11, 40, 42, 47, 66
Höflichkei 11, 13, 27 ff., 50, 65
Humor 69

Ich-Botschaft 28, 80
Ignorieren 25, 28, 90
Imitieren 62 f.

Kindergarten 22, 32, 40, 51, 65
Kindheit 6, 11 f., 34, 77
Kleinkind 23, 32, 53, 59 ff., 80, 85
Kommunikation 32, 66
Kompetenz, soziale 50 f.
Konflikt 71 f., 80, 84 ff.
Konsequenz 15, 21 f., 27, 29 ff., 35, 38 f., 48 f., 51, 70, 76
- natürliche 59 ff., 65
Körpersprache 34

Liebe 18 f., 22, 71
Loben 25, 44 f., 63

Machtkampf 30, 36, 53, 75, 78, 83
Manieren 11, 89 f.

Negativerlebnis 41, 43

Persönlichkeitsentwicklung → Entwicklung

Quengeln 25
Quengelware 14, 76

Regelmäßigkeit 29 ff., 70
Ritual 26, 32 f., 64, 83
Routine 21, 29, 32 f., 83

Schlafen 30, 33, 58, 64, 81, 83 f.
Schule 51, 65 f., 74
Selbstbewusstsein 40, 42, 48
Sicherheit, emotionale 16, 18 f.
Spielzeug 57, 61, 79, 85, 87
Strafe 7, 23, 25, 28 f., 62
Streit Konflikt
Struktur 21, 32, 59, 72
- Sozial- 19
Supermarkt 6, 22 f., 76 ff.
Süßigkeiten 6, 14, 17, 26, 47, 76, 78, 86, 90
Sympathieverlust 48

Teenager 53
Tischmanieren → Manieren
Trotzphase 60

Verantwortung 11, 21, 40 ff., 50, 66, 74 f., 84, 87, 89
Verlässlichkeit 29, 31, 55, 70
Verständlichkeit 34
Vorhersehbarkeit 33
Vertrauen 16, 18, 27, 29, 31, 38, 40, 52, 55, 58, 66, 72, 75, 84

Zuwendung 22, 4 f., 58

Bildnachweis

Wir bedanken uns bei allen Bildlieferanten, die uns durch die Bereitstellung von Abbildungen freundlicherweise unterstützt haben.

djd/deutsche journalisten dienste: djd/Protina 13; djd/Allianz Deutschland 44; djd/Puregon 49
fotolia.com: Franz Pfluegl 9, 29, 39, 70; Melanie DeFazio 17; detailblick 19; Brebca 23; alephnull 37; Hallgerd 43; Yuri Arcurs 71; PerlenVorDieAugen 73; Pavel Losevsky 75; buFka 78; Tomasz Trojanowski 81; nyul 82; Renata Osinska 83
istockphoto.com: mbbirdy 20
mauritius images: 46, 54, 67, 91
polylooks.de: Monkey Business Images 6, 32, 42; Zoonar 18, 25, 27, 61; seanprior 21, 52, 64, 68; Zoonar/Christian Schwier 53; andres 58; Zoonar/Jörg Rüger 84; Zoonar/Jasmin Hahn 88; Kzenon/Kzenon 89
stock.xchng: bjearwicke 56; renato2004 62; beauke 66; hortongroy 86